Wolfgang Kolnsberg

Geistliche Reden - Reden eines Geistlichen bei aktuellen Anlässen

Wolfgang Kolnsberg

Geistliche Reden - Reden eines Geistlichen bei aktuellen Anlässen

Kanzelreden, Ansprachen, Worte zum Tage

Fromm Verlag

Impressum/Imprint (nur für Deutschland/ only for Germany)
Bibliografische Information der Deutschen Nationalbibliothek: Die Deutsche Nationalbibliothek verzeichnet diese Publikation in der Deutschen Nationalbibliografie; detaillierte bibliografische Daten sind im Internet über http://dnb.d-nb.de abrufbar.

Contact:
International Book Market Service Ltd., 17 Rue Meldrum, Beau Bassin, 1713-01 Mauritius
Website: www.bookmarketservice.com
Email: info@bookmarketservice.com

Gedruckt in: USA, UK, Deutschland. Dieses Buch wurde nicht in Mauritius produziert.

Imprint (only for USA, GB)
Bibliographic information published by the Deutsche Nationalbibliothek: The Deutsche Nationalbibliothek lists this publication in the Deutsche Nationalbibliografie; detailed bibliographic data are available in the Internet at http://dnb.d-nb.de.

Contact:
International Book Market Service Ltd., 17 Rue Meldrum, Beau Bassin, 1713-01 Mauritius
Website: www.bookmarketservice.com
Email: info@bookmarketservice.com

Printed in: U.S.A., U.K., Germany. This book was not produced in Mauritius.

ISBN: 978-3-8416-0152-0

Wolfgang Kolnsberg

GEISTLICHE REDEN –

REDEN EINES GEISTLICHEN

Inhalt

Diese kleine Sammlung aus 40 Jahren im Kirchlichen Dienst sei in Dankbarkeit für alle verständnisvolle Begleitung meiner Familie gewidmet.

Vorwort

Reden, Ansprachen, Predigten – das Spektrum geistlicher Äußerungen in der Öffentlichkeit ist bunt und vielfältig. Die üblichen Sonntagspredigten bilden nur eine von mehreren Varianten. Sie sind normalerweise umfangreich und ausgewogen, haben oft nur wenige ZuhörerInnen und sind in der Regel sehr am Bibeltext orientiert – Ausnahmen gibt es natürlich, heute mehr als früher.

Geistliche Reden und Ansprachen hingegen haben landläufig einen besonderen Anlass, ein Ereignis im Dorf oder in der Stadt – ein Kasus, wie z. B. die Wahl einer neuen Pfarrperson, Einweihungs-, Jubiläums-, Gedenk- oder Jahresfeste. Da kann es sein, dass eine viel größere Personenzahl inter-essiert ist und solch eine Veranstaltung besucht und die Worte zum Tage hört.

In diesem Büchlein sind einige Beispiele von Geistlichen Reden aus dem Fundus von 40 Jahren im Kirchlichen Dienst zusammengefasst. Sie sollen vor Augen führen: Menschen werden nicht nur durch Predigten am Sonntagmorgen angesprochen, sondern auf mancherlei Weise bei verschiedenen Gelegenheiten. Die oft sehr positiven Rückmeldungen haben mich veranlasst und ermutigt, diese Reden auf diesem Wege weiterzugeben. Sie sollen anregen, in ähnlichen Situationen Gottes Wort zu kirchlichen und weltlichen Anlässen öffentlich zu sagen. Das geschieht immer ein wenig mehr „auf Augenhöhe“ im Blick auf den Kasus als von der Kanzel herab am Sonntagmorgen.

Ausgewählt habe ich dafür die „Kanzelreden in Wahlgottesdiensten im Kirchenkreis Soest“ aus meiner Amtszeit als Scriba in der Synode von 1996-2004. In dieser Zeit habe ich in allen Wahlgottesdiensten im Kirchenkreis die Ansprache gehalten, teils in den Gemeindegottesdiensten am Sonntag, teils in Sondergottesdiensten wochentags. Dazu kommt eine Auswahl von Feier- und Gedenkreden, die ich als Gemeindepfarrer in Bad Sassendorf bei unterschiedlichen Anlässen gehalten habe, und als drittes in dieser Reihe einige „Geistliche Worte“ bei Veranstaltungen im Kurbereich, welche die Sammlung abrunden sollen. „Statt eines Nachwortes“ dient schließlich die Predigt im Verabschiedungs-Gottesdienst 2008 als eine Art Zusam menfassung meines Anliegens.

Wolfgang Kolnsberg

Kanzelreden

Die Kanzelreden in den Jahren 1996-2002 wurden in Gemeindegottesdiensten im Kirchenkreis Soest gehalten. Im Vordergrund stehen die jeweiligen Wahlen als Kasus, Wahlen mit nur einer oder mehreren KandidatInnen. In allen Fällen kommen grundsätzliche Gedanken und wesentliche Elemente des christlichen Glaubens zur Sprache. Das macht die 15 Reden über den Einzelfall hinaus wichtig, bedenkenswert und darum auch erhaltenswert. Am Ende der Amtszeit (2003-2004) gab es keine Wahlgottesdienste, weil keine Pfarrstellen neu zu besetzen waren.

Kanzelreden aus dem Jahr 1996

Wahlgottesdienst am 9.9.96 in St. Urbanus zu WeslarnKanzelgruß – Anrede

„Weslarn hat gewählt“ – diese Schlagzeile wird es morgen nicht geben. Aus mehreren Gründen. Es ist ja keine allgemeine weltliche Wahl, nur eine Wahl von Presbyteriums-Mitgliedern. Wohl auch, weil es nicht so weltbewegend ist; denn Kirche hat allgemein keinen so hohen Stellenwert in heutiger Zeit. – Wir haben es in diesem Jahr wieder bei den Presbyteriumswahlen erlebt. - Ja, und schließlich ist es ein Stück weit Formalität. Die große Spannung fehlt, besonders da nur ein Kandidat zur Wahl steht.

Und doch - ich erinnere mich an eine Wahl bei uns: nur ein Kandidat und doch Aufregung und Anspannung. So geht es vielleicht auch Ihnen, den Presbyteriumsmitgliedern und der Gemeinde, auch ein wenig: Wochen des Überlegens sind zu Ende, nun wird für längere Zeit der Weg der Kirchengemeinde bestimmt. Die Wahl ist juristisch entscheidend, bedeutet aber doch menschlich noch einiges mehr.

Sie entscheiden sich für eine Person, nicht dagegen, nicht enthalten, sondern jemanden WÄHLEN, nicht im Vorbeigehen, nicht nur formal. Darum geschieht es im Gottesdienst, ein wenig feierlicher und auch ein Stück weit verbindlicher: vor Gott und den Menschen. In Verantwortung vor Gott – das ist wichtig und wesentlich. In unserer Welt ist das alles andere als selbstverständlich.

So wird das alte Jeremia-Wort, das uns als Monatsspruch für September gesagt ist, aktuell: Ein Wort des Gerichts und der Warnung. *„Mein Volk tut eine zwiefache Sünde: mich, die lebendige Quelle, verlassen sie und machen sich Zisternen, die doch rissig sind und kein Wasser geben.“* (Jer 2,13)

Wo Gott nicht als Quelle des Lebens erfahren wird, ist alles am Ende. Wir können das Bild des Jeremia auf viele Dinge heute übertragen. Wir verlassen uns auf vergängliche Dinge, die unseren Lebensdurst nicht auf Dauer stillen können. Sünde, die Trennung von Gott, wird verharmlost in der Alltagssprache. Da gibt es Verkehrssünder, Umweltsünder u.ä. Aber das sind ja nur die äußerlichen Folgen und Zeichen einer falschen Grundhaltung: Die Trennung von Gott, die Abkehr von der Quelle. In der Zeit des Überlegens und Abwägens vor der Wahl hatten einige von uns schlaflose Nächte: Wie machen wir es richtig? Welch große Verantwortung haben wir gegenüber den Menschen?

Ver-antwortung ist nicht nur eine Last, die auf uns liegt, sondern auch eine große Chance. Wo sie zur Zisterne wird, wir sie alleine tragen und bewahren, wird kein Leben gelingen. Wo wir aber alles vor Gott bedenken und ihn durch das Gebet in die Entscheidung einbeziehen, wird alles neu und von Leben erfüllt. Handfest und unverwechselbar echt. Sie schafft Gemeinschaft wie die Gemeinschaft unter dem Kreuz: Siehe, dein Sohn, siehe, deine Mutter - die Kinder Gottes, die Gemeinde als Familie Gottes.

Vielleicht sollten sie es als Presbyterium und Gemeinde als ein besonderes Zeichen nehmen, dass im Monat der Wahl eines neuen Pfarrers für Ihre Gemeinde jenes Jeremia-Wort steht, das Ihnen den Weg weist – auch über diesen Monat September hinaus - zur lebendigen Quelle des Lebens.

Was Jeremia in seiner Botschaft als Gericht über sein Volk gesagt hat, ist in Jesus Christus positiv und ein für allemal erschienen. Auch von seinen Nachfolgern werden Ströme lebendigen Wassers fließen (Joh 7,38). Das macht uns fähig, in dieser Welt weiterzugeben, was uns anvertraut ist. Es beginnt immer wieder neu mit der Besinnung auf die Quelle allen Lebens.   - Gebet und Kanzelsegen -

Wahlgottesdienst am 28.9.96 in der Paulus-Kirche Werl

Kanzelgruß - Anrede

Heute ist hier die Qual der Wahl. Vor genau sechs Wochen hatten wir diese in Bad Sassendorf-Lohne. Wir haben es gut überstanden. Ähnlich wie Ihrem Presbyterium hier war uns der Segen vieler Bewerberinnen und Bewerber geschenkt – aber auch mit der Kehrseite: Wie sollen wir uns entscheiden?

Es ist eine große, verantwortungsvolle Aufgabe: Wir bestimmen in unseren mehr oder weniger pfarrzentrierten Gemeinden über lange Zeit das Leben der Gemeinde. Wir wollen es gerne richtig machen und können doch nicht erfassen, wie es sich dann in der nächsten Zukunft entwickelt. Darum ist es gut, sich auf das Wesentliche zu besinnen, auf das, was über unsere Endlichkeit und menschliche Unzulänglichkeit hinausgeht.

Im Wochenspruch dieser Woche wird Wesentliches zugesagt: *„Jesus Christus hat dem Tode die Macht genommen und das Leben und ein unvergängliches Wesen ans Licht gebracht durch das Evangelium"* (2Tim 1,10).

Die Todverfallenheit dieser Welt spüren wir an allen Ecken und Enden. In den Extremsituationen, in denen uns der Tod als Ende des irdischen Lebens begegnet, genauso wie durch die täglichen Grenzen unseres Tuns, Denkens und Fühlens. Unser Leben ist begrenzt in vielerlei Hinsicht. Zukunft liegt vor uns wie ein dunkler Gang, Vergangenheit liegt hinter uns und belastet uns, die Gegenwart ist erfüllt von Ängsten. Es tut gut zu hören: da ist einer, der hat den Tod besiegt, hat ihm die Macht des Unabänderlichen genommen. Eine wahrhaft Frohe Botschaft: Ende ist nicht endgültig das Ende, sondern Neuanfänge sind möglich: Hoffnungen sind größer als Ängste, Vertrauen größer als Verzagen, Liebe größer als Hass. Wenn wir uns dessen vergewissern, bekommen wir Mut für unsere Aufgaben. Wir müssen uns nicht ängstlich verkriechen, sondern können mutig das „Richtige" tun; denn auch alles „Richtige" ist vorläufig und fehlerhaft.

Wenn wir uns darüber im klaren sind, bekommen wir Gelassenheit, weil grundsätzlich und wesentlich über uns entschieden ist: Wir sind geliebt – auch in unserer Unzulänglichkeit, mit all unseren Fehlern und Macken. Wir können uns ausrichten auf das Ewige in aller Vorläufigkeit dieses Lebens. Das Ziel unseres Lebens heißt nicht Tod, sondern wahres Leben, von dem wir hier eine Ahnung haben, das wir aber erst am Ende alles Irdischen wahrnehmen. Diese Ahnung soll Raum gewinnen in unseren Gemeinden. Es verwandelt unser Leben bereits hier und jetzt: Wir werden frei zur Entscheidung, für die Aufgabe, die uns gestellt ist; denn der Tod ist nicht das Ende aller Dinge. Es wird gestorben und gelitten – aber nicht end-los und sinn-los. Wilhelm Willms* beschreibt es so:

der tod ist ein qualitätssprung
unser leben wird nicht vernichtet
unser leben wird verwandelt im tod
wie das weizenkorn sich im absterben
verwandelt
in die fülle seines lebens
in die ähre
wie die raupe sich zum schmetterling
verwandelt

ein weizenkorn
ahnt auch nicht
wie es einmal sein wird als ähre
und die raupe in ihrer häßlichkeit
ahnt nicht daß sie einmal
schmetterling sein wird
und so ahnen auch wir nicht
was aus uns werden wird

der tod ist ein qualitätssprung
den unsere kühnsten hoffnungen
und phantasien nicht mitspringen können

* Willms, S. 29

In dieser Gewissheit können Sie, liebe Mitglieder des Presbyteriums, Ihre Entscheidung fällen, und Sie, liebe Gemeinde, diese Entscheidung tragen in aller Vorläufigkeit, aber auch in aller Gewichtigkeit und Verantwortung vor Gott und den Menschen. Die Entscheidung wird dann auch dem Leben dienen in dieser Gemeinde und darüber hinaus in Zeit und Ewigkeit.

Das Gerichtswort Jeremias, der Monatsspruch für September, wird immer wieder als Warnung aktuell sein: *„Gott spricht: Mein Volk tut eine zwiefache Sünde: mich die lebendige Quelle, verlassen sie und machen sich Zisternen, die doch rissig sind und kein Wasser geben.“* (Jer 2,13) Aber auch die Zusage dieser Woche hat über diesen Tag hinaus Gültigkeit: *„Jesus Christus hat dem Tode die Macht genommen und das Leben und ein unvergängliches Wesen ans Licht gebracht durch das Evangelium.“* (2Tim 1,10).

Wahlgottesdienst 4.12.96 in der Christophorus-Kirche Lipperbruch

Kanzelgruß – Anrede

Wahlgottesdienst – das kann eine aufregende Sache sein, richtig spannend. Zuletzt hatten wir im Kirchenkreis sogar eine Wahl mit zwei Wahlgängen.

Hier ist es nun ganz anders: Es gibt nur einen Kandidaten. Es ist eigentlich nur eine Formalität. Und doch feiern wir einen Gottesdienst anlässlich der Wahl, weil es eine wichtige Entscheidung ist.

Für längere Zeit ist ein gemeinsamer Weg zu gehen. Die Wahl ist juristisch entscheidend. Noch wichtiger: die Entscheidung für eine Person, nicht dagegen, nicht enthalten, sondern: ich wähle jemanden, einen Menschen, nicht im Vorbeigehen, nicht nur formal, sondern im Gottesdienst! Ein wenig feierlicher und auch ein Stück verbindlicher: vor Gott und den Menschen. In Verantwortung vor Gott: wichtig und wesentlich. Und so möchte ich mit Ihnen das Wichtige und Wesentliche, über Zeiten und Veränderungen hinaus Gültige mit Ihnen bedenken.

Der Kirchenjahreszeit entsprechend: Das Kommen Gottes in diese Welt – die Grundlage unseres Lebens.

Wir singen Lied 8,1+2:

Es kommt ein Schiff geladen bis an sein' höchsten Bord, trägt Gottes Sohn voll Gnaden, des Vaters ewigs Wort.

Das Schiff geht still im Triebe, es trägt ein teure Last; das Segel ist die Liebe, der Heilig Geist der Mast.

Das Schiff – uraltes Bild für Ankommen.

Unser Schiff heute auf dem Bild von Beate Heinen. *

Es kommt an! Es schwebt. Scheinbar von oben.

Mutter und Kind. Das Kind hat die Arme ausgebreitet.

„Komm in meine Arme". Wenn dies Kind seine Arme ausbreitet, denken wir an das ‚Große Kind', den Mann Jesus von Nazareth, der seine Arme ausbreitet: *„Kommt her zu mir alle, die ihr mühselig und beladen seid; ich will euch erquicken."* (Mt 11,28)

Am Ende hat er seine Arme ausgebreitet – am Kreuz.

Blutrot ist der Hintergrund. Zeichen für den Geist, den Geist Gottes. Er umfängt alles. Er schwebt hernieder: die Taube.

Er ist allumfassend. Die ganze Fülle Gottes umgibt Mutter und Kind. Nur so ist dies Wunder möglich: die Menschwerdung Gottes.

Er kommt an. Er ist da: die Fülle des Lebens, die Ankunft des Herrn.

Wir singen die Strophen 3+4:

Der Anker haft' auf Erden, da ist das Schiff am Land. Das Wort will Fleisch uns werden, der Sohn ist uns gesandt.

Zu Bethlehem geboren im Stall ein Kindelein, gibt sich für uns verloren; gelobet muss es sein.

Ankunft damals: Bethlehem. Nicht irgendwo und irgendwie. Eine Verheißung wird wahr: Du Bethlehem, kleine Stadt, Winkelort der Erde. Aber Stadt Davids, Königsstadt, Nabel der damaligen Welt!

* „Ankunft des Herrn" Kunstkarte 5485, ars liturgica, Kunstverlag Maria Laach

Nicht die Hauptstadt! Nicht das große Leben, der Glanz, die Metropole, sondern die wahre Stadt Gottes, das Zentrum des Lebens, die Fülle. Hier ist sie wie in einem Brennpunkt gesammelt.

Das ankommende Schiff enthält diese Fülle: im Geist und doch ganz wirklich und umfassend, ein Traum und doch ganz realistisch.

Es verwandelt alles, was in seinem Kommen verändert wird.

Es verwandelt die Welt. Neues erscheint, taucht die Welt in ein neues Licht. Das blutrote Segel weist über sich selbst hinaus: Verloren und doch: neues Leben.

Wir singen die Strophen 5 + 6:

Und wer dies Kind mit Freuden umfangen, küssen will, muß vorher mit ihm leiden groß Pein und Marter viel,

danach mit ihm auch sterben und geistlich auferstehn, das ewig Leben erben, wie an ihm ist geschehn.

Ja, es ist nicht alles eitel Sonnenschein. Wir sehen Leiden, Krankheit und Tod.

Der Strand, der Ort der Ankunft, macht das deutlich: Die Kleinen mit ausgestreckten Armen voller Erwartung. Die Großen: skeptisch, zurückhaltend. Sie haben schon zu viel erlebt: Hoffnungen und Enttäuschungen, Leiden in dieser Welt und an dieser Welt. Da ist die Mutter mit dem toten, verhungerten Kind auf dem Arm – Zeichen für die arme Welt, für Not und Aussichtslosigkeit. Da ist die schlafende Gestalt – verpasst sie die Ankunft?

Doch es ist noch Hoffnung. Da sind die vier Kerzen des Advent, Zeichen der Erwartung, rot wie der Geist.

Erfüllung? Noch ist alles offen. Aber die Verheißung ist da!

Arme sind ausgebreitet – hier und dort: Erwartung, Hoffnung – die Fülle kommt auf uns zu.

Wir singen zum Abschluss die erste Strophe: *„Es kommt ein Schiff, geladen bis an sein' höchsten Bord, trägt Gottes Sohn voll Gnaden, des Vaters ewigs Wort."*

<u>Kanzelreden aus dem Jahr 1997</u>

Wahlgottesdienst am Dienstag, 13.5.1997, Johannes-Kirche Soest

Kanzelgruß – Anrede

Zwischen Himmelfahrt und Pfingsten – zwischen Abschied und Erfüllung: *„Ihr werdet aber die Kraft des heiligen Geistes empfangen, welcher auf euch kommen wird und werdet meine Zeugen sein."* (Act 1,8a). Zeit der Erwartung, Leben in der Verheißung. Aussicht auf Erfüllung, neue Kraft, neuer Mut. In dieser Zeit „zwischen den Zeiten" geschieht nach Lukas Zeitplan in der Apostelgeschichte jene Wahl des Matthias, um die Zwölfzahl wiederherzustellen. Die idealisierende Darstellung des Lukas lässt viel Raum für die geistliche Dimension: Vom Gebet umrahmt lässt man dem Wirken Gottes Raum.

„So muß nun einer von diesen Männern, die bei uns gewesen sind die ganze Zeit über, welche der Herr Jesus unter uns ein- und ausgegangen ist, von der Taufe des Johannes an bis auf den Tag, da er von uns genommen ist, ein Zeuge seiner Auferstehung mit uns werden. Und sie stellten zwei auf: Joseph, genannt Barsabas, mit dem Zunamen Justus, und Matthias, beteten und sprachen: Herr, der du aller Herzen kennst, zeige an, welchen du erwählt hast unter diesen zweien, daß einer träte an seinen Platz in diesem Dienst und Apostelamt, von dem Judas gewichen ist, daß er hinginge an seinen Ort. Und sie warfen das Los über sie, und das Los fiel auf Matthias; und er ward zugeordnet zu den elf Aposteln." (Act 1, 21-26).

Demgegenüber sind unsere Wahlen doch recht menschlich geprägt. Wir schreiben aus, prüfen die Bewerbungen, führen Gespräche, treffen eine Vorauswahl. Alles nötig und sinnvoll. Was bleibt als geistliche Dimension? Unter anderem dieser Gottesdienst – Wahlgottesdienst genannt. Trotz der vielen irdisch menschlichen Dinge – die Wahl findet im Gottesdienst statt. Es ist ein Hinweis auf die große Verantwortung, die die Mitglieder des Presbyteriums haben: vor Gott und für die Menschen ist eine schwerwiegende und grundlegende Entscheidung zu fällen, die das Leben einer Gemeinde über lange Zeit prägen kann. Es ist gut, wenn das Hören des Wortes Gottes, Gebet, Bitte und Lobpreis nicht nur liturgisches Beiwerk sind, sondern der Ausdruck der geistlichen Dimension unseres Tuns. Das bewahrt uns vor der Qual der Wahl; denn wir wissen nicht, was richtig und gut ist, damit das geistliche Leben in unseren Gemeinden gelingt. Wenn man auf viele Erfahrungsjahre zurückblicken kann, erscheint es oft schon gut, der Verbreitung der Botschaft nicht im Wege zu stehen. Das hört sich wenig an, kann aber schon viel sein. Es ist die Demut und Genügsamkeit der Erfahrung in dem Sinne *„Lass dir an meiner Gnade genügen; denn meine Kraft ist in den Schwachen mächtig."* (2Kor 12,9). Die Bitte um den Geist Gottes, der uns hilft und Kraft gibt, ist wichtig. Die geistliche Erneuerung unserer Kirche hängt nicht von uns ab – aber sie geschieht auch nicht ohne uns. Darum ist die Bitte um den Geist Gottes der Anfang und das Ende des Weges in der geistlichen Dimension.

In der Aussicht auf Pfingsten, Geburtstag und Erneuerung der Kirche, ist es gut, eine Wahl durchzuführen, mit allem, was uns da bewegt und in Bewegung gerät, vor allem aber mit jener Bitte im neuen Lied: *Wir bitten, Herr, um deinen Geist, dass du uns deine Kraft verleihst, dass wir das Alte neu verstehen und uns in Gottes Nähe sehen. Wir bitten, Herr, um deinen Geist.* * Es gibt keine richtige oder falsche Wahl – es gibt nur die gute Wahl in Ver-antwortung vor Gott und den Menschen. Ihre Konsequenz ist: Dazu Stehen - auch in Zweifel und Anfechtung, immer wieder Ja Sagen zu der Entscheidung und im Geist Gottes den gemeinsamen Weg Gehen.

Wenn ich in dieser Kirche bin, denke ich zurück – auch heute. Über 20 Jahre ist es her. Mein Talar hat den Gottesdienst nicht schadlos überstanden. Ich bin an der Klinke der Sakristeitür hängengeblieben. Es war der erste, aber nicht der letzte Winkelhaken in meinem Talar. Man kommt als Pastor eben nicht überall unbeschadet hindurch. Manchmal bleibt man hängen. Es sollte nicht zur Gewohnheit werden. Aber es kann uns manchmal zeigen: Es ist nicht alles vollkommen, nicht alles, wie es sein sollte. Manchmal brauchen wir die kleinen Dämpfer, damit die Bäume nicht in den Himmel wachsen. Dann wird uns bewusst: Wir sind keine Alleskönner aus uns selbst heraus, sondern aus dem, der uns mächtig macht: JESUS CHRISTUS! - Amen.

* ML, B 8

Wahlgottesdienst am 16.Juni 1997 in der Johannes-Kirche Lippstadt

Kanzelgruß – Anrede

Es ist soweit: Eine Entscheidung ist zu fällen, ein Mensch in ein Amt zu wählen. Eine verantwortungsvolle Aufgabe für Sie als Presbyteriumsmitglieder. Besonders auf dem Hintergrund der bevorstehenden Veränderungen aufgrund der knappen Finanzmittel in unserer Kirche. Schwierig: was ist die richtige Entscheidung, die auch in Zukunft sich als richtig erweist. Es gibt kein Patentrezept. Aber nach allem verstandesmäßigen Erwägen und Abwägen möge man die Entscheidung vom Herrn bestimmt sein lassen. Über alles Wenn und Aber, Hin und Her steht jene Sicht der Dinge, die uns in unserem Herrn begegnet.

In der idealisierenden Aussage des Lukas in der Apostelgeschichte heisst es im Monatsspruch für den Monat Juni: *„Gott sieht nicht auf die Person, sondern in jedem Volk ist ihm willkommen, wer ihn fürchtet und tut, was recht ist.“* (Act 10,34). Dies Wort absolut genommen öffnet alle Möglichkeiten. Diese haben wir so nicht – verstrickt in den Gegebenheiten dieser Welt. Aber nach allem verstandesmäßigen Abwägen und Überlegen ist es wichtig: Unser irdisches Bemühen ist vorläufig und unzulänglich, nicht perfekt. Entscheidend ist die Maxime unseres Handelns: Ob unser Tun in Verantwortung vor Gott und gegenüber den Menschen geschieht.

In der Woche des 3. Sonntags nach Trinitatis wird in vielfältiger Weise die Sorge um das Verlorene zugesagt und aufgetragen: *„Der Menschensohn ist gekommen, zu suchen und selig zu machen, was verloren ist.“* (Lk 19,10). Das sind als erstes wir alle in unserer Ratlosigkeit und Ohnmacht gegenüber den Entwicklungen, die uns Sorge bereiten, innerhalb und außerhalb der Kirche, dass Menschlichkeit in finanziell knappen Zeiten auf der Strecke bleibt. Dann ist auch unser Auftrag, in der Nachfolge des Menschensohns, Verlorenes zu suchen, nicht zu erfüllen, schon gar nicht, Hilfe zu leisten, wo es nötig ist.

Könnte es vielleicht sein, dass wir die geistliche Dimension unseres Redens, Denkens und Tuns in dieser Zeit neu zu entdecken haben? Im vollen Bewusstsein unserer prekären Lage wird unser Gebet ein Hilferuf zu Gott über liturgische Form und traditionelle Gewohnheit hinaus. Er kommt aus der Bedrängnis heraus: Ich lasse dich nicht, du segnest mich denn. Es ist der Kampf um jene Anerkennung und Zuwendung, die wir brauchen, um nicht verloren zu gehen im Dickicht der Sparzwänge und des Prioritätenzwanges.

Wie machen wir es richtig? Die Wahl einer Person in eine Pfarrstelle erscheint vielleicht nicht gerade weltbewegend in dieser Zeit der Veränderungen im kirchlichen und weltlichen Bereich. Es ist aber ein besonders deutliches Beispiel für eine Entscheidung in Verantwortung vor Gott und den Menschen. Sie ist nicht allein mit dem Verstand zu fällen, sondern auch aus dem Herzen. Über alles Äußere und Vordergründige hinaus ist Wollen und Empfinden, Fragen und Suchen wichtig.

„Gott sieht nicht auf die Person, sondern in jedem Volk ist ihm willkommen, wer ihn fürchtet und tut, was recht ist.“ (Act 10,34). – Petrus hat diese Lektion lernen müssen. Wir haben sie immer wieder miteinander zu lernen. Es sind die Maßstäbe des Auferstandenen: Grenzen werden überwunden, neue Freiheiten entdeckt. Es ist eine Ermutigung für kirchliches und persönliches Handeln.

Wir sind nicht das Maß aller Dinge, sondern der Menschensohn, der sucht und selig macht, was verloren ist. In seinem Namen und Auftrag nach seinem Maßstab handeln wir. So gilt der johanneische Grundsatz: *„Er muss wachsen, ich aber muss abnehmen.*“ (Joh 3,30). - Darum bitten wir: Herr unser Gott, hilf uns, dass wir Seinem Rufe folgen und nachfolgen auf dem Weg des Heils. Amen.

30. Juni 1997 Johannes-Kirche Lippstadt (Eph 2,19-22)

Kanzelgruß – Anrede

Wie alt dieser Stein ist, weiß ich nicht. Bei mir ist er nun 14 Tage: Ein Denk-Stein, Erinnerungs-Stein, Nicht-Vergessen-Stein: Wahlgottesdienst in Lippstadt. Inzwischen war er schon versteckt im Papierwust der letzten 14 Tage. Woran erinnert er? An die Offene Aufgabe heute. Ein Stein des Anstoßes: Da blieb etwas unerledigt. Wozu wird er heute? Stolperstein oder Stein, der vom Herzen fällt, wenn die Wahl gelingt?

Steine liegen im Wege, stören vielleicht, werden weggeräumt. Sie können aber auch Denk-mal sein: Hinweiszeichen, Erinnerung, Mahnung und Gedenken, Ausdruck des Dankes für besondere Begegnungen. Aus Steinen lässt sich Größeres bauen oder herstellen: Altar, Heilige Stätte, Gotteshaus, Bethel in vielen Formen und Variationen. Vielleicht ist uns noch die vorletzte Kigodi-Reihe im Ohr: *„So seid ihr nun nicht mehr Gäste und Fremdlinge, sondern Mitbürger der Heiligen und Gottes Hausgenossen erbaut auf dem Grund der Apostel und Propheten, da Jesus Christus der Eckstein ist, auf welchem der ganze Bau ineinandergefügt wächst zu einem heiligen Tempel in dem Herrn; auf welchem auch ihr miterbaut werdet zu einer Behausung Gottes im Geist."* (Eph 2,19-22).

In Gottes Haus der geistlichen Gemeinschaft sind wir lebendige Steine, nicht stumme Zeugen, Gedenksteine oder Erinnerungssteine, sondern lebendige Zeugen der Liebe Gottes. Als solche tragen wir Verantwortung für den Bau Gottes: Bauen und erhalten, pflegen und bewahren, Neues schaffen auf verlässlichem Grund. Es wächst nicht in den Himmel, aber es ist ein Stück Himmel auf Erden, wo lebendige Steine eine lebendige Gemeinde bilden und in der Tradition der Apostel und Propheten im Geiste unseres Herrn Jesus Christus die frohe Botschaft weitertragen und bewahren.

Das Besondere: dies Haus hat Bestand, weil der Grund, das Fundament, trägt und hält: lebendig und doch dauerhaft, weil es nicht aus eigener Kraft und Antrieb geschieht, sondern weil es Sein Haus ist! Am Ende der Bergpredigt, also an besonderer Stelle, ist vom Haus die Rede, das Bestand hat: *„Darum, wer diese meine Rede hört und tut sie, der gleicht einem Mann, der sein Haus auf den Felsen baute. Da nun ein Platzregen fiel und die Wasser kamen und wehten die Winde und stießen an das Haus, fiel es doch nicht; denn es war auf den Felsen gegründet. Und wer diese meine Rede hört und tut sie nicht, der ist einem törichten Mann gleich, der sein Haus auf den Sand baute. Da nun ein Platzregen fiel und kamen Wasser und wehten die Winde und stießen an das Haus, da fiel es und tat einen großen Fall."*

(Mt 7, 24-27).

Nicht Marionettensein, sondern bewusstes Tun in der Nachfolge des Herrn ist gefragt und führt zum Ziel. In dieser Verantwortung sind wir heute hier versammelt, haben Sie als Presbyteriumsmitglieder eine wichtige Entscheidung zu fällen. „Höret seine Rede und tut sie!“ Also: „Stiftet Frieden!“ – „Seid gerecht!“ – „Seid untereinander eines Sinnes im Namen unseres Herrn Jesus Christus!“
Wir singen gemeinsam ein Lied aus der Kinderkirche: *„Lebendige Steine wollen wir sein. Willkommen, willkommen, Groß und Klein. Von Norden, von Süden, von Ost und West, gegründet in Christus tief und fest. Lebendige Steine zu Gottes Haus ziehen in alle Welt hinaus.“*

Wahlgottesdienst am 22.10.97 in St. Maria zur Wiese, Soest
„Bauet auch ihr euch als lebendige Steine zum geistlichen Hause.“ (1Petr 2,5)
Kanzelgruß - Anrede
Ein Stein –
Ich habe ihn aus Bad Sassendorf mitgebracht, obwohl es hier natürlich auch genug davon gibt.
Er ist kalt und fest. Und doch nicht wetterfest. Herausgebrochen aus einem größeren Stein unserer Kirche in Bad Sassendorf. Zerstörerisch wirken sich Sturm und Regen, Frost und Hitze, Luft und Belastungen auf die Steine unserer Kirchen aus. Die Sorge um den Erhalt unserer Gebäude aus Stein verbindet uns in der Börde. Hier an der Wiese-Kirche ist das ganz besonders deutlich, aber auch an den anderen Kirchen: Steine sind bedroht von Verfall und Vergehen.
Die Bemühungen um Bewahrung und Erhalt sind gefährdet aufgrund der knappen Finanzmittel. Anstrengungen sind nötig. Die Prioritäten-Frage beherrscht Gremien und Ausschüsse. „Tote Steine“, sagen die einen – „Verkündigung der Botschaft durch die Zeugen aus der Vergangenheit“, die anderen.
Wie sehr Kunstwerke aus Stein Prediger der Botschaft sind, steht uns hier deutlich vor Augen. Sie geben die Botschaft weiter und lassen Menschen zu lebendigen Steinen werden, zum geistlichen Bau Gottes, hier und jetzt bei der Pfarrwahl.

Die Zeit des Überlegens und Abwägens ist abgeschlossen. Die Wahl bekräftigt die bereits getroffene Entscheidung. Die Gemeindevertreter sagen „Ja“ zu dem erwählten Kandidaten. Es ist ein verbindliches Ja, keine Kampfabstimmung, keine Entscheidung nach Stimmen im Entweder-Oder, sondern jenes verbindliche Ja, wie es nach der bereits vollzogenen Entscheidung bei der Trauung coram Deo gesprochen wird. Es ist nicht überflüssig oder entbehrlich. Es sollte auch nicht nur der Erfüllung juristischer Verordnungen dienen, sondern jenes fröhliche, lebendige „Ja“ zum gemeinsamen Weg mit der Aufgabe, das geistliche Haus aus lebendigen Steinen zu bauen.

Es geschieht hier auf Erden mit allen irdischen Problemen und Schwierigkeiten, die wir zur Genüge kennen. Es geschieht mit Rückschlägen und Neuanfängen in Verant-wortung vor Gott und den Menschen. Es ist gut, wenn dies nicht nur aus eigener Kraft und nach eigenen Plänen geschieht, sondern in überirdischer Dimension.

Wie die Türme dieser Kirche zeichenhaft in himmlische Höhen ragen, geschieht es in Dimensionen, die nicht nur von menschlichem Vermögen bestimmt sind, sondern ein Stück Himmel auf Erden verheißen: jenes geistliche Haus, in dem Gott bei den Menschen wohnt und mit seinem Segen erfüllt.

Wie die Türme dieser Kirche über die Grenzen der Gemeinde hinaus sichtbar sind und Besucher anlocken, ist auch die Aufgabe des geistlichen Hauses nicht auf die Region beschränkt, sondern hat die Ausbreitung der Botschaft von dem neuen Reich des Friedens über alle menschlichen und irdischen Grenzen hinaus zu verwirklichen.

Wie uns die Sorge um die irdischen Gebäude aus Stein über Gemeindegrenzen hinaus verbindet, so auch das Bemühen um den Bau aus lebendigen Steinen, in dem die neuen Maßstäbe unseres Herrn gelten, wo Feindschaften beendet werden durch Liebe und eine neue Wirklichkeit Raum gewinnt, in der Schöpfung bewahrt, Gerechtigkeit gefördert und Friede gestiftet wird durch den Eckstein Jesus Christus, den Anfänger und Vollender aller unserer Bemühungen im Glauben, Denken und Handeln. Amen. - Kanzelsegen -

Kanzelreden aus den Jahren 1999-2001

Wahlgottesdienst am 28.10.99 in St. Pantaleon zu Lohne

Kanzelgruß – Anrede

Die Hähne auf unseren Kirchtürmen sind uns vertraut, ein gewohnter Anblick. Sie zeigen uns, aus welcher Richtung der Wind kommt. Zeigt der Hahn ins „Regenloch" oder in eine andere Richtung?

So bekommen wir ein wenig die Möglichkeit, Kommendes, Zukünftiges vorauszusehen, schon zu wissen, was kommt. Wenn in Bad Sassendorf der Hahn im Frühjahr in Richtung Nord/Ost zeigt und die Temperaturen relativ gering sind, erwarten die Sassendorfer den „Bettinger", den letzten Schnee, der den Winter abschließt. Er ist meist nicht von langer Dauer, aber er bleibt selten aus und trifft oft so ein, wie auch in diesem Jahr am 15.4., gerade an dem Tag des Kirchturm-Richfestes.

Dieser Hahn hier oben auf der Kanzel war da schon nicht mehr auf dem Turm – aber er war es über 200 Jahre – tagaus, tagein, Jahr für Jahr. Er zeigte an, aus welcher Richtung der Wind kam. Er erlebte die vielen Sommer und Winter, Frost und Hitze, Saat und Ernte, Tag und Nacht, gute und schlechte Zeiten, Kriege und Notzeiten, Freude und Trauer, Feste und Feiern. Er selbst blieb nicht unbeschädigt. Der Zahn der Zeit setzte ihm zu, Übermut tat ein Übriges (Da gab es Zeitgenossen, die mit ihren Büchsen auf ihn zielten und den armen Hahn in rasende Drehungen versetzten.).

Aber er blieb da oben in seiner Funktion: Anzeigen der Windrichtung und Mahnung zur Umkehr und zum Bekenntnis, Zeichen für die Gemeinde der Christen in dieser Welt, Zeichen für die Wachsamkeit und Aufmerksamkeit früh am Morgen, noch bevor die Sonne aufgeht, am Anfang des Neuen Tages, wo Wichtiges geschieht, eine Art Neue Schöpfung - immer wieder. So wird der Hahn zum Urbild des Wächters und Rufers zur Wachsamkeit. *„Seid wachsam, steht fest im Glauben, seid mutig, seid stark!"* (1Kor 16,13 – eigene Übersetzung). Was der Apostel Paulus am Ende des

1Kor der Gemeinde in Korinth ans Herz legt, ist auch die Aufforderung an uns, grundlegend und wegweisend.

Gerade in unserer Situation – nach wie vor betroffen von der Traurigkeit über den frühzeitigen Weggang von Pfr. Christoph Maties – haben wir die Aufgabe, nach vorne zu sehen auf die zukünftigen Wege. Dafür benötigen wir Zuversicht, Mut und Stärke, den Glauben und das Vertrauen: Gott geht mit uns. Wir dürfen nicht erstarren im sehnsüchtigen Blick zurück.

Woher nehmen wir die Kraft, dem Ruf des Kirchturm-Hahns zu entsprechen?

Hier in der Kirche steht es uns im Chorfenster* vor Augen: *„Lasset uns aufsehen auf Christus, den Anfänger und Vollender des Glaubens."* (Hebr 12,2).

Nicht unser eigenes Bemühen und Vermögen ist entscheidend und ausschlaggebend, sondern der Grund und das Ziel, der Anfang und das Ende, das A und O! Dann erwächst uns jene Kraft, die nötig ist, über die Vergangenheit und Gegenwart hinaus in die Zukunft zu blicken.

Der Stammbaum Jesu
macht uns das deutlich: Es ist
der Weg Gottes mit den Menschen auf
der Grundlage der Wurzel Isais: aus den
Wegen und Irrwegen Davids und aus
der Ergebenheit Marias ist
jene Herrlichkeit Gottes in
Jesus Christus erwachsen,
in der Himmel und Erde
sich berührten und jenes
Ereignis hervorbrachten,
das die Welt und uns in
Bewegung bringt – immer wieder neu. Amen.

* Klaus Saeger, Die Pfarrkirche St. Pantaleon in Lohne, Kunstführer Nr. 1619, S. 11 ff, Verlag Schnell & Steiner, München 1987, S. 16: „Wurzel Jesse Fenster" (Anfang 13. Jh.), Glasfenster östliche Chorwand

Sonntagsgottesdienst mit Wahl am 6.8.2000, Ev. Kirche zu Borgeln

Kanzelgruß – Anrede

„Wohin geht die Reise?“ – Eine häufige Frage in der Sommer- und Urlaubszeit.

Das ist normal, wenn sich die Auto-Karawanen auf den Weg machen in bekannte und unbekannte Orte, um Neues zu erleben, Freiheiten zu erfahren - mehr als zu Hause.

Max Frisch schreibt in seinem Tagebuch: *„Warum reisen wir? Auch dies, damit wir Menschen begegnen, die nicht meinen, dass sie uns kennen ein für allemal; damit wir noch einmal erfahren, was uns in diesem Leben möglich sei. – Es ist ohnehin schon wenig genug.“* *

Reisen ist mehr als nur Zeitvertreib. Es eröffnet die Möglichkeit, Leben zu erfahren über das übliche Eingefahrene hinaus. Nicht die Ortsveränderungen und die räumlichen Erfahrungen sind entscheidend, sondern die Erfahrungen des Lebens, die neuen Perspektiven und Dimensionen.

Es kann uns gehen wie dem Bär und dem Tiger, die Panama suchen und es am Ende zu Hause finden. „Wohin geht die Reise?“, wird zur Lebensfrage: „Wohin geht die Reise unseres Lebens?“ Wo sind unsere Ziele, Leitbilder, Orientierungen?

Paulus sagt: Orientiert euch in eurem Alltag, in eurem Zusammenleben an dem, was in Christus gilt. Er erläutert das im Brief an die Philipper mit dem überlieferten Tauflied: *„Ein jeglicher sei gesinnt, wie Jesus Christus auch war:*
welcher, ob er wohl in göttlicher Gestalt war, nahm er's nicht als einen Raub,
Gott gleich zu sein, sondern entäußerte sich selbst und nahm Knechtsgestalt an,
ward gleich wie ein anderer Mensch und an Gebärden als ein Mensch erfunden.
Er erniedrigte sich selbst und ward gehorsam bis zum Tode, ja zum Tode am Kreuz.
Darum hat ihn auch Gott erhöht und hat ihm einen Namen gegeben,
der über alle Namen ist, daß in dem Namen Jesu sich beugen sollen aller derer Knie, die im Himmel und auf Erden und unter der Erde sind, und alle Zungen bekennen sollen, daß Jesus Christus der Herr sei, zur Ehre Gottes, des Vaters.“ (Phil 2,5-11).

* Frisch, S. 27ff

Das wäre wohl der Idealzustand, der auch in christlichen Gemeinden so selten angetroffen wird und doch unverzichtbar ist als Ziel und Zweck unseres Lebens. Es ist jene Aussicht, die unsere Lebensreise sinnvoll macht trotz aller Beschwernisse. Es ist jener Trost der Liebe.

Die Ermahnungen in Christus sind anders als unsere üblichen menschlichen Ermahnungen, Verwarnungen und Strafandrohungen. Ermahnungen in Christus haben eine höhere Dimension. Es wird nicht alles mit dem Mäntelchen der Nächstenliebe zugedeckt, sondern auf dem Hintergrund des Seins in Christus, seines Lebens, seines Sterbens, seiner Auferstehung eröffnet sich eine neue Dimension des Lebens. Da lässt sich Wichtiges von Unwichtigem, Wesentliches von Unwesentlichem unterscheiden. Was zählt angesichts der Ewigkeit und des Zieles unseres Lebens? Der Zuspruch, der Trost, die Aufmunterung. Wir können neue Kraft schöpfen aus der Ermahnung zur Liebe, die in Jesus Christus leibhaftig geworden ist. *„Herr, wohin sollen wir gehen? Du hast Worte des Ewigen Lebens"*, ist das Bekenntnis des Petrus auf die Frage: *„Wollt ihr nicht auch gehen?"*

Und heute? Wenn alle gehen, alle nichts mehr mit Kirche und Religion zu tun haben wollen, dann ist es wichtig, dass wir wissen, was wir daran haben, an Lebenshilfe auf der Reise unseres Lebens: Gemeinsam auf dem Wege in der Liebe, die wir nicht aus uns selber haben, sondern geschenkt bekommen. Dann ist es fast automatisch, dass wir nicht nur an uns selbst denken. Ermahnungen auf dem Hintergrund der Erfahrung des wahren Lebens in Jesus Christus haben eine andere Dimension, weil in Jesus Christus eine neue Dimension des Lebens erschienen ist.

Er hat die Welt verändert und eine neue Perspektive für Menschen ohne Hoffnung eröffnet. Er isst und trinkt mit den Außenseitern. Er stellt die Bedürfnisse der Menschen in den Vordergrund über alle Paragraphen. Er heilt Kranke, tröstet Traurige, gibt den Verzweifelten neuen Mut.

Dieses Kraftfeld hat auch Paulus erfahren. Es gab seinem Leben einen neuen Sinn und beflügelte ihn, auch andere in dieses neue Sein einzuladen. Die neuen Maßstäbe des Lebens sind in der Gemeinschaft der Nachfolge über Zeit und Raum hinweg lebendig. Wie ein Band verbindet es die Menschen verschiedener Herkunft und Ausrichtungen zur Gemeinde und Gemeinschaft der Gläubigen. Vor Gott sind wir mit allen Stärken und Schwächen angenommen. Als Weggenossen auf der Reise unseres Lebens sind wir Geschwister des Glaubens und der Hoffnung. Auf diesem Christusweg, auf dieser Straße des Lebens, haben alle Platz. Keiner wird abgedrängt, keiner links liegen gelassen, keiner als erster durchs Ziel gehen.

Aus der Kraft des Glaubens können aus Feinden Freunde, aus Widersachern Verbündete und aus Kontrahenten Partner werden. Im Lichte Jesu ist die Dunkelheit unseres Miteinanders nicht endgültig, sondern der liebevolle, gerechte und menschliche Umgang miteinander keine leere Fiktion, sondern eine Vision, der wir uns täglich auf unserer Reise des Lebens nähern.

Für Sie, liebe Gemeinde hier in Borgeln, ist heute eine wichtige Reisestation: Ein neuer Pfarrer wird gewählt. Ein ganzer, halber oder drei-viertel? Nein, ein Mensch, ein vollständiger Mensch in eingeschränktem Dienst, zumindest vorläufig. Wichtig ist, welcher ganze Mensch Sie auf der Reise der Kirchengemeinde begleitet. Nicht jeder Begleiter passt zu jedem.

Die Entscheidung ist nicht leicht, gerade weil sie so wichtig ist. Vor 25 Jahren gab es keine großen Wahlen. Vielen freien Stellen standen nur wenige Bewerber gegenüber, aber das waren ja auch nicht unbedingt die schlechtesten, wie sich auf der gemeinsamen Reise herausstellte.

Vielleicht ist die Reise heute schwieriger, da selbst im ländlichen Bereich Kirche nicht mehr so hoch im Kurs steht.

Um so wichtiger ist die gute Gemeinschaft im Sinne des Paulus:

„So machet meine Freude völlig und seid eines Sinnes,

habt gleiche Liebe, seid einmütig und einhellig." (Phil 2,2)

Amen!

Gottesdienst am Ostermontag, 16.4.2001, in der Kirche St. Severin zu Schwefe

Kanzelgruß – Anrede

Was ist heute noch zu sagen, zu feiern, zu bedenken? Heute am Ostermontag, am 2. Feiertag? Gibt es nur Aufgewärmtes oder gibt es auch noch was Neues? Welche Lieder haben wir noch nicht gesungen, welche Texte noch nicht bedacht?

Ja, so ganz lässt es sich wohl nicht verhindern: jene Zweitklassigkeit gegenüber dem ersten Feiertag.

Hier und heute ist das anders. Wir feiern nicht nur „Ostern zum Zweiten", sondern auch den Wahlgottesdienst. - „Wie, morgen am Ostermontag?" fragte ein Mitarbeiter bei uns. Ja, tatsächlich eine Verbindung von Osterfest und Kasus. Wichtig sind beide: das Fest und die Wahl, das eine mehr religiös, das andere mehr weltlich.

Das erste hat Vorrang nicht als Nachschlag, sondern als Vervollständigung des Festes und in diesem Fall als geistlicher Rahmen. Dazu gehört dann auch der Aspekt der Neuen Schöpfung, der uns durch die neue Sicht des Lebens aus einem alten Wort gegeben wird. Es ist das prophetische Wort des Jesaja, der in c. 24-27 ein Bild der Zukunft malt, eine Vision, die Vergangenheit, Gegenwart und Zukunft verbindet.

Die sogenannte Jesaja-Apokalypse verbindet dies zu einer Vision des Neuen Israel nach Weltkatastrophe, Völkermahl auf dem Berg Zion, Erlösung und Auferstehung, die Wiederherstellung und Heimkehr Israels. Hier klingen bereits österliche Töne an, ohne dass die Osterbotschaft des NT hier schon gegenwärtig wäre, die Erfüllung der Verheißung Gottes. Im Lichte der Osterbotschaft kommen Zusagen zur Sprache, die im NT neu aufgenommen und weitergeführt werden (Jes 25,6-9):

Und der Herr Zebaoth wird auf diesem Berge allen Völkern ein fettes Mahl machen, ein Mahl von reinem Wein, von Fett, von Mark, von Wein, darin keine Hefe ist. Und er wird auf diesem Berge die Hülle wegnehmen, mit der alle Völker verhüllt sind, und die Decke, mit der alle Heiden zugedeckt sind. Er wird den Tod verschlingen auf ewig. Und Gott der Herr wird die Tränen von allen Gesichtern abwischen und wird aufheben die Schmach seines Volkes in allen Landen; denn der Herr hat's gesagt.

Hier ist bereits vorhanden, was in der Apokalypse am Ende der Bibel fortgeführt wird auf dem Hintergrund der Erfahrungen mit Jesus als dem Christus.
Die Aussicht auf das himmlische Jerusalem jenseits von Krieg und Tod, Sterben und Trauer: Die neue Welt Gottes, die uns verheißen ist. *„Ein Volk ohne Vision geht zugrunde"*, ist eine These von Dorothee Sölle*. – Sicherlich ein Lebensgefühl unserer Zeit. Der große Aufbruch, den wir uns erhofft hatten, ist schnell wieder zusammengefallen. Es fehlt die Perspektive, der Entwurf für ein gemeinsames Leben für unser Land, für Europa, für diese Welt. Stattdessen: Wehklagen und Rückzug auf den kleinen Bereich des persönlichen Lebens.
Eine Vision ist mehr als eine Zukunftsschau. Sie vollzieht sich in allen drei Dimensionen, Vergangenheit, Gegenwart und Zukunft. Es geht darum, aus dem Erlebten, auch den leidvollen Erfahrungen, zu lernen, um in der Gegenwart wichtige Entscheidungen zu treffen und sich für die Zukunft zu öffnen. Die Irrwege der Vergangenheit können uns helfen, in der Gegenwart Fehler zu vermeiden, um uns die Zukunft nicht zu verbauen. Die Vision aus Vergangenheit, Gegenwart und Zukunft erhält ihr positives Vorzeichen nicht nur aus der Hoffnung auf die gute Wende am Ende aller Zeiten, sondern aus dem Sieg des Lebens über den Tod, der unsere Sehnsucht, unsere Hoffnung und unsere Gewissheit in ein neues Licht der Zuversicht und Hoffnung stellt und alles verwandelt.
Aber hilft uns das auch für unser ganz persönliches Leben? Hat das Auswirkungen für unser Leben hier und jetzt? Eine junge Frau schreibt an eine Zeitschrift:
„Von Natur aus bin ich eher ein fröhlicher, optimistischer Mensch, aber seit zwei Jahren quält mich die Angst vor dem Tod. Immer wieder überfällt sie mich, und das Leben erscheint mir sinnlos und hoffnungslos. Ich habe alles, was man zum Glücklichsein bräuchte (lieben Mann, drei liebe Kinder, schönes Haus, wir sind alle gesund). Wenn ich aber daran denke, dass ich doch mindestens die Hälfte meines Lebens schon hinter mir habe und dass ich (wie wir alle) „bald" sterben, verwesen

*Dorothee Sölle, Ein Volk ohne Vision geht zugrunde. Anmerkungen zur deutschen Gegegnwart und zur nationalen Identität, Wuppertal, 1986

und vergessen sein werde, dann bin ich wie gelähmt vor Panik. Früher habe ich diese Gedanken immer weggeschoben oder an ein Leben nach dem Tod geglaubt. Heute glaube ich, das ist alles nur Selbstbetrug, um nicht mit der Angst leben zu müssen. Bitte schicken sie mich jetzt nicht zum Psychologen, mich würde interessieren, wie Sie und auch andere Menschen mit dieser für mich wichtigen Sache im Leben umgehen."

So oder ähnlich denken und fühlen wohl viele von uns. Hilft uns die Vision des Jesaja? Vor allen Dingen wohl dazu, nicht an dieser Welt mit ihrem Leiden und ihren Schrecknissen zu verzweifeln. Die Aussicht auf Gottes gutes Handeln am Ende aller Zeiten gibt Hoffnung und Zuversicht für die Gegenwart. Das wirkt sich dann auch auf unser persönliches Leben aus, das in dieser Geborgenheit aufgehoben ist.

Ganz persönlich bekommen wir im Abendmahl einen Vorgeschmack auf Gottes großes Völkermahl am Ende aller Zeiten. Je mehr wir uns dessen vergewissern, um so mehr sehen wir für uns Perspektiven des Lebens in aller Endlichkeit unseres Daseins.

Ein Völkermahl wird uns angekündigt: alle Völker der Erde sind eingeladen, kommen und begegnen sich in Frieden. Die ganze geschundene und gebeutelte Welt trifft sich an Gottes Tisch. Jede und jeder von uns sind persönlich dazu eingeladen. So kommen wir gemeinsam auf den Weg wie die Jünger von Emmaus damals.

Vielleicht sind wir es schon bei den Abendmahlsgottesdiensten an Gründonnerstag, Karfreitag und Ostersonntag gewesen. Hinter uns die Zusagen Gottes im Alten Bund, um uns herum die Erfahrungen des Lebens und vor uns das himmlische Mahl in der Herrlichkeit Gottes.

„Pilger sind wir Menschen.
Gottes Volk kann siegen über Hass und Streit.
Stärker als Gewalttat ist Gerechtigkeit.
Gott schenkt uns Vertrauen und ein Arbeitsfeld.
Er will mit uns bauen eine neue Welt." * Amen.

* Text in Anlehnung an Worte von Diethard Zils im Lied nach der Melodie „Land of hope and glory"

Wahlgottesdienst am 27.11.2001 in St. Petri zu Soest „In Erwartung“

Kanzelgruß – Anrede

Wir sind am Ende angelangt. Die letzte Woche des Kirchenjahrs: Ewigkeitssonntag, Totengedenken, Vergänglichkeit und Vorläufigkeit allen irdischen Lebens vor Augen. Wir trauern um die Toten, besonders um die, die in diesem Kirchenjahr heimgegangen sind. Es ist nicht schön, die Erfahrungen des Abschieds und Loslassens zu machen. Wir scheuen sie und wenden uns gerne ab und den schönen Seiten des Lebens zu. Trauer und Abschied – wir blicken zurück in diesen grauen Tagen des Novembers auf die schönen Seiten des Lebens, die Sonnentage in ihrer Lebensfülle. Wir sehnen uns nach Wärme und Geborgenheit, Miteinander und Zusammensein. Trennung und Einsamkeit, Alleinsein und Trauer sind keine Elemente zum Leben, haben uns ein Stück Leben genommen. Der Tod ragt in unser eigenes Leben hinein, greift nach uns – auch schon im Lebendigsein. Vergänglichkeit und Lebensende werfen ihre Schatten bereits ins Leben voraus.

Was hat das dann alles für einen Sinn? Wozu ist das alles gut?

Wir fragen: Was bleibt, was hat Bestand, was ist wesentlich, was schafft Leben? In aller Vergänglichkeit und Schnelllebigkeit dieser Welt – was hat da denn noch Bestand? Alles gerät ins Wanken. Was gestern wichtig und richtig war, ist morgen überholt und falsch. Immer schneller, immer rasender ist die Fahrt der Attraktionen auf der Allerheiligenkirmes. Sie sind ein Spiegelbild des Lebens in dieser Welt. Wer soll da noch mitkommen? Immer schneller dreht sich das Karussell des Lebens, immer verrückter wird die Achterbahn zwischen Geburt und Tod. Hat da noch etwas Bestand, gibt es einen festen Grund, einen Wegweiser, auf den Verlass ist?

Jesus Christus sagt: *„Himmel und Erde werden vergehen, aber meine Worte werden nicht vergehen.“* – Der erste Satz des Predigttextes aus Mk 13, eine kühne und auch wohl weltferne Behauptung, Worte, alles nur Worte. Was hilft wirklich weiter?

Die Welt dreht sich um andere Dinge, da ist anderes wichtig: Geschäfte und Machenschaften, Geld und Wohlstand, Kaufen und Gekauftwerden, Glanz und Glimmer. Und dann auf einmal ist mit einem Schlag alles anders: alles bleibt stehen, nichts geht mehr, ein Knall, ein Feuerball, eine Katastrophe – atemraubend, lähmend, furchtbar. Wir haben es erfahren: Plötzlich ist alles ganz anders, nichts ist mehr so wie vorher – wie ein großer Knall! Wir haben gelernt: Plötzlich – aus heiterem Himmel kann Unglaubliches passieren.

Jesus sagt: *Himmel und Erde werden vergehen; meine Worte aber werden nicht vergehen. Von dem Tage aber und der Stunde weiß niemand, auch die Engel im Himmel nicht, auch der Sohn nicht, sondern allein der Vater. Sehet euch vor, wachet! Denn ihr wisset nicht, wann die Zeit da ist. Gleichwie ein Mensch, der über Land zog und verließ sein Haus und gab seinen Knechten Vollmacht, einem jeglichen seine Arbeit, und gebot dem Türhüter, er solle wachen: so wachet nun; denn ihr wisset nicht, wann der Herr des Hauses kommt, ob am Abend oder zu Mitternacht oder um den Hahnenschrei oder des Morgens, auf daß er euch nicht schlafend finde, wenn er plötzlich kommt. Was ich aber euch sage, das sage ich allen: Wachet!* (Mk 13,31-37)

Unverhofftes, unvorstellbares Geschehen haben wir erlebt, sind aufgeschreckt, aufgerüttelt, verunsichert und voller Angst, aber nicht grundlegend verändert worden. „Wachet!" ist der Aufruf zur Umkehr, zur Neuorientierung, zur neuen Perspektive – ausgerichtet auf Wesentliches und Wichtiges. Heraus aus den festen Gebäuden von Sitten und Gewohnheiten, Kategorien und Schemata.

Lasst uns hinaufsteigen auf den Wach-Turm des Lebens, auf die Bühne der Weite, die uns den Überblick verschafft über das Leben, die Irrgänge und Sackgassen, die Höhen und Tiefen. Lasst uns Ausschau halten nach Rettung aus dem Schlamassel, nach dem, was kommt. Lasst uns Wache-Schieben gegen das Böse und Schreckliche und auf das Wesentliche und Wichtige, den Glanz aus der Ewigkeit warten!

Wir betrachten den Holzschnitt „Erwartung" * von Walter Habdank: Eine Handvoll ist schon oben. Ärmliche, ja elende Kreaturen, die Ausschau halten, ge-bannt in die Ferne sehen. Sie wollen sehen, was da kommt, warten auf ihre Rettung. Dicht zusammen auf engem Raum, wackeligem Gerüst, unbequem und gefährlich, aber

* www.advent-exerzitien-online.de/2_sa.htm

jenseits der Welt, dem Himmel nahe, mit weitem Blick über die Häuser und Straßen, über der Welt der anderen Menschen, der Schlafenden und mit sich selbst Beschäftigten. Dort geht alles seinen Gang: Aufstehen und Arbeiten, Essen und Trinken, Lachen und Weinen, Ruhen und Schlafen.

Es ist spannend, gemeinsam auf das ganz Besondere zu warten: „Siehst du schon was?“ „Erkennst du was?“ Fünf Augenpaare – fast wie ein Gesicht – so sehr ausgerichtet auf die Ferne, auf das, was kommt, auf die Zukunft.

„Erwartung“ hat Walter Habdank das Bild genannt. Ja, Erwartung im wahrsten Sinne des Wortes: alles wird erwartet. Die Augen, die Körper, alles ist in Erwartungshaltung. Es muss ja kommen: die Erlösung, die Erfüllung, die Hilfe aus aller Not: in dieser Zeit, für alle Zeit, in Ewigkeit. Vollendung aller Zeit und aller Unvollkommenheit und Schwäche, Überwindung sogar des Todes. Dann erfüllt sich die Weisung der Propheten, dann bricht Freude hervor über die Rettung durch die Hilfe aus der Höhe. Dann wird es heißen: *„Ehre sei Gott in der Höhe und Friede den Menschen!“* Dann wird alles anders sein und verwandelt werden in die Ewigkeit. Aber vorher gilt: *„Wachet, steht fest im Glauben, seid mutig und seid stark!“* (1Kor 16,14), um aus der Kraft des Glaubens den Auftrag zu erfüllen.

Für die Presbyteriumsmitglieder gilt es heute, eine schwerwiegende und weitreichende Entscheidung zu fällen, ja Zukunft mitzubestimmen. Verantwortliches Handeln besteht im Ja-Sagen und Ja-Tun. Oft ist es nicht leicht, immer wieder Ja zu sagen zu dem, was für den Weg wichtig ist: die Bitte um Kraft – auch in Durststrecken, die Bitte um Mut – auch in gefahrvollen Abschnitten, die Bitte um Glauben - auch wenn der Boden schwankt, und das Festhalten an der Zusage: *„Siehe ich bin bei euch alle Tage bis an der Welt Ende.“* (Mt 18,20b). Es gibt immer und überall der Welt unterschiedliche Möglichkeiten von Entscheidungen, bessere und schlechtere – wer weiß es schon? Aber es gibt keine grundlegend falsche Entscheidung. Wir dürfen gewiss sein: Es sind Entscheidungen in der Zeit, nicht für die Ewigkeit, aber sie sollen in Verantwortung vor Gott und zum Wohl für die Gemeinde getroffen werden. Amen. – Kanzelsegen –

Kanzelreden aus dem Jahr 2002

Gottesdienst am 16.6.2002 in der Kirche St. Albanus und Cyriakus zu Welver

Kanzelgruß – Anrede

Es gibt Goldene Regeln des Lebens. Sie fassen zusammen, was zu tun und zu lassen ist, wie wir leben sollen.

Z.B.: Das Doppelgebot der Liebe – Wir sollen Gott lieben von ganzem Herzen und unseren Nächsten wie uns selbst. Oder: *„Es ist dir gesagt, Mensch, was gut ist, und was der Herr von dir fordert, nämlich Gottes Wort halten und Liebe üben und demütig sein vor deinem Gott."* (Mi 6,8). So einfach ist das!

Aber immer wieder ist dies in bestimmten Situationen des Lebens neu zu hören und zu befolgen. Das Leben vor Gott geschieht nicht im luftleeren Raum. Lebenserfahrungen prägen unser Denken und Handeln. Erfahrungen mit und ohne Gott bestimmen unsere Gegenwart und Zukunft. Und dann ist doch alles nicht so einfach!

Morgen ist Synode. Es ist eine besondere Situation. Die erste Synode nach dem Tod unseres Superintendenten. Es muss weitergehen. Entscheidungen sind vorzubereiten, Weichen zu stellen, erste Schritte zu tun.

Was ist zu tun, was ist wichtig und wesentlich? Es gibt verschiedene Meinungen. Wir sind nicht die ersten, die diese Erfahrungen machen, - auch nicht die letzten, sondern wir stehen in einer Reihe von vielen Zeugen und Menschen, die in ihrer Zeit die Frage gestellt haben: Was ist wesentlich und wichtig für uns? Woran müssen wir festhalten? Was gibt uns Kraft? Ähnlich haben wir in der letzten Zeit nach dem richtigen Weg gefragt.

Heute ist als Predigttext ein Wort des Propheten Hesekiel vorgegeben. In seiner Botschaft ist beides: Gericht und Zusage, Unheil und Heil. Er lebte zur Zeit des Exils des Volkes Israel – also in einer sehr schwierigen, unüberschaubaren Zeit.

Was ist nun? Strafe Gottes für alle Sünden und Verfehlungen? Oder Hoffnungsschimmer am Horizont? Hesekiel ruft auf: Lasst die Vergangenheit hinter euch, macht einen neuen Anfang! Gott macht es auch:

„Meinst du, daß ich Gefallen habe am Tode des Gottlosen, spricht Gott der Herr, und nicht vielmehr daran, daß er sich bekehrt von seinen Wegen und am Leben bleibt?Darum will ich euch richten, ihr vom Hause Israel, einen jeden nach seinem Weg, spricht Gott der Herr. Kehrt um und kehrt euch ab von allen euren Übertretungen, die ihr begangen habt, und macht euch ein neues Herz und einen neuen Geist. Denn warum wollt ihr sterben, ihr vom Hause Israel? Denn ich habe kein Gefallen am Tod des Sterbenden, spricht Gott der Herr. Darum bekehrt euch, so werdet ihr leben. (Hes 18,23.30-32)

„Bekehrt euch, so werdet ihr leben!" O, ja! Das ist auch eine Botschaft für uns! Weg vom Gejammer über die schlechten Zeiten und Hinwendung zum Wesentlichen, zu Gott! Die Trennung von Gott ist die Ursache für die geschichtliche Katastrophe! Auch heute? Wir haben Gott klein gemacht und uns selbst groß und mächtig. An allen Enden mit „Erfolg". Hesekiels Botschaft lautet: Verzweifelte aufrichten! Zur Umkehr rufen! Zusage der Gegenwart Gottes (Macht und Barmherzigkeit) auch in fremder, widriger Umgebung!

Wir haben es nicht selbst in der Hand. Mit Gottes Hilfe gibt es neues Leben. Auf dieser Grundlage wächst neues Leben aus der Verlassenheit und Ausweglosigkeit durch neue Erfahrungen.

Um so mehr wächst das neue Leben aus der Botschaft, dass das Verlorensein nicht endgültig ist, sondern dass das neue Leben aus der Zuwendung Gottes in Jesus Christus wächst. Das neue Herz und der neue Geist sind in Jesus Christus erschienen, Mensch geworden.

„Einer oder eine alleine können ja doch nichts ausrichten!" Oder „Die andern sind schuld!" Diese Vergeblichkeit und Verzagtheit, die uns den Mut nimmt, ist erledigt. Damals wie heute gilt: Die Einzelnen, die Gruppe, die Gemeinde sind gerufen, jetzt und hier das Ihre zu tun. Wir sind verstrickt in den Gegebenheiten dieser Welt. Auch

Kirche ist wirtschaftlichen Zwängen unterworfen. Dennoch sind wir gerufen zur Umkehr zu Gott und seiner Gerechtigkeit.Unsere Väter und Großväter haben dies im Stuttgarter Schuldbekenntnis getan – damals nicht unumstritten, aber je länger der Weg danach wurde, um so mehr hat es sich als gut bestätigt.
Die Aufgaben heute sind viel zu groß, um Veränderungen zu bewirken, könnte man einwenden. Um so wichtiger ist es, an der Hoffnung und Zuversicht festzuhalten, das Ziel und das Wesentliche nicht aus den Augen zu verlieren, so wie Antoine de Saint-Exupery es beschrieben hat:

Wenn du ein Schiff bauen willst,
so trommle nicht Leute zusammen,
um Holz zu beschaffen, Werkzeug vorzubereiten,
Aufgaben zu vergeben und die Arbeit zu einzuteilen;
sondern wecke in ihnen die Sehnsucht
nach dem weiten, endlosen Meer. *

Etwas weniger poetisch: Behaltet das Ziel im Auge. Geht weiter auf dem Weg, dessen Ziel *„Gerechtigkeit, Friede und Bewahrung der Schöpfung"* heißt. Macht nicht das Trennende groß, sondern sucht das Gemeinsame, einig in der Hoffnung, auch wenn viele Unterschiede und Meinungsverschiedenheiten in der Gegenwart vorhanden sind. Das Wichtigste ist bereits in Jesus Christus geschehen, die Befähigung, Beauftragung und Berufung zum Leben. Unser „Ja" dazu verwandelt die Welt und uns selbst und schafft Leben in Fülle von Grund auf. Es eröffnet Lebensraum für Zeit und Ewigkeit.
Sie haben als Presbyterium heute die Aufgabe zu wählen. Äußerlich: Was ist da schon zu wählen? Ein Kandidat – Ja oder Nein oder Enthaltung. Keine Entscheidung zwischen verschiedenen Menschen. Und doch: dieses Ja oder Nein oder Enthaltung ist wichtig. Wie bei der Ehe bedeutet das Ja-Sagen das Versprechen mit allen Konsequenzen. Und wie in dem Fall der Ehe brauchen auch Sie Mut und Gottvertrauen, um den gemeinsamen Weg mit Ihrem Pfarrer zu gehen. Amen.

* EG, S. 716

Wahlgottesdienst am 5.8.2002 in Lp-Lipperbruch

Kanzelgruß – Anrede

„Seht, welch eine Liebe hat uns der Vater erzeiget, dass wir Gottes Kinder sollen heißen." (1Joh 3,1) – Der Monatsspruch für August ist ein programmatischer Satz, der es in sich hat, ein typisches, früher fettgedrucktes Bibelwort für Taufe, Konfirmation oder Trauung. Wort für Wort Wesentliches, Wichtiges, Bemerkenswertes! *„Sehet!"* Wie oft sehen wir, ohne wirklich zu sehen, haben etwas vor Augen, ohne es wahrzunehmen? Wir über-sehen es, weil so viel „über" ist in dieser Welt des Reichtums, der Vielfalt, des Überflusses! Und wenn wir es mit den Augen aufnehmen, sehen, sogar wahrnehmen, geht es auch bis ins Herz, wird es wesentlich für uns, erfüllt es uns, füllt es uns aus? Oder bleibt es außen vor: ein Bild von vielen, das unsere Augen aufnehmen, aber nicht im Herz bewegen. Eigentlich wissen wir es ja: *„Wir sehen nur mit dem Herzen gut, das Wesentliche bleibt unseren Augen verborgen."* Mensch, werde wesentlich! Von der Macht der Liebe getragen und erfüllt, geborgen und geprägt: *„Welch eine Liebe!"* – so umfassend, so vollkommen, so überschwänglich – fast schon erdrückend, fast schon peinlich. Wir singen von dieser Liebe, wir loben und preisen sie, Inbegriff alles Göttlichen, Vater, Sohn und Heiliger Geist zugleich. Aber fast schon so selbstverständliche Voraussetzung, dass nicht mehr davon zu reden ist. So oft gelobt und besungen, kaum noch zu übertreffen – und es muss ja getopt werden in unserer Welt! – Aber diese grundlegende und elementare Liebe verwandelt alle und alles, macht aus Menschen Kinder Gottes, aus Lebewesen Partner, aus Kreaturen Freunde. Sie hebt in den Stand der Familie Gottes, benannt nach dem Woher und Wohin ihres Seins in der Gemeinschaft der Gottes-Familie. Sind wir das wirklich, wir Menschenkinder des Fortschritts, des Wohlstands, unfähig zu sehen, zu fühlen, weil von allem schon zu viel da ist?

Wenn die Schreiber des 1Joh für die Menschen der 3. oder 4. oder welcher Generation danach aufrufen zur Wahrnehmung der Liebe und des eigenen Wesens als christliche Gemeinde, um wie viel mehr gilt dies für die Menschen heute, hineingerufen in die Sommerzeit 2002, in die Reise- und Spaßgesellschaft der armen

Reichen und übervollen Habenichtse, auf der Suche nach der Freude und ohne Chance, grundlegende, wesenhafte Fülle des Lebens zu finden, weil es nichts mehr zu sehen und zu spüren gibt von der Wohltat Gottes im großen Angebot auf dem Markt des Wohlstandes und des Überangebotes. Gilt es nicht für uns noch viel mehr als für die abschlaffende Generation danach in der urchristlichen Gemeinde? Johannes Hansen hat den alten Psalm 103 in die heutige Zeit übertragen und als Psalm-Meditation Worte der Hoffnung formuliert: *Freunde, lasst uns aufhören mit undankbarer Klage, grundlosem Gejammer, kleingläubiger Sorge. Unsere Augen sind blind, unsere Ohren taub und alle Sinne stumpf geworden für Gottes Güte. Wir verwöhnten Kinder des Wohls baden in Selbstverständlichkeiten, schreien nach neuen Spielzeugen, haben das Staunen verlernt und Gott zum Lieferanten unserer Sicherheit gemacht. Unser Glaube ist weich und träge geworden. Wir wollen geliebt werden, ohne selbst zu lieben. Wir wollen Hilfe, ohne selbst zu helfen. Wir wollen Vergebung, ohne selbst zu vergeben. Unsere Erinnerungen verblassen schnell, doch unsere Erwartungen wachsen ständig. Nehmen ist seliger als Geben, und Bedürftige werden uns lästig. Wir bedenken unser Leben nicht mehr vor Gott und vergessen darum, zu danken. Wir wollen gelobt werden und vergessen darum, zu loben. Wir werden immer ärmer, unsere Seelen bluten aus, unser Leben wird langweilig. Freunde, lasst uns wieder loben, wie der alte Beter lehrt: „Lobe den Herrn, meine Seele, und was in mir ist, seinen heiligen Namen! Lobe den Herrn meine Seele und vergiss nicht, was er dir Gutes getan hat.“* *
Also: lassen wir das Gejammer um die kleinen Misslichkeiten und Fehlerhaftigkeiten, die uns von der Perfektion trennen. Letztlich geht es um Heilung, um Erfüllung in der Liebe Gottes, die wesentliches Leben in der Familie Gottes bewirkt. Waren nicht Gottes Wege schon oft zum Staunen, voller Überraschungen? Viel spannender als die Berechnungen in den Bahnen von Vorschriften. Wir können nicht ohne leben, aber wir leben letztlich nicht von ihnen und aus ihnen, sondern aus der Liebe Gottes: Seht doch! Vertraut darauf, verlasst euch darauf und seid getrost!

Hansen, S. 46

Wahlgottesdienst am 8.8.2002 in der Petri-Kirche zu Soest

Kanzelgruß – Anrede

Und es ergab sich, als die große Begeisterung nachließ, die Augenzeugen längst gestorben waren und neue Lehren sich ausbreiteten, da lebten Paul und Peter in Kleinasien. Sie wandelten in den Spuren ihrer großen Namensvorbilder, waren Lehrer der Gemeinde, Peter mehr in Richtung der Fragen nach der richtigen Lehre, Paul mehr auf neue Wege der Erkenntnis ausgerichtet. Sie waren davon fasziniert, christliche Gedanken und damalige Philosophie in Einklang zu bringen, wie viele andere mit ihnen. Ihnen allen wird es gesagt im Wort dieses Monats August: *„Sehet, welch eine Liebe hat uns der Vater erwiesen, dass wir Gottes Kinder sollen heißen."* (1Joh 3,1). Nicht euer eigenes Bemühen um Erkenntnis, um Wachsen im Geist und Zunehmen an Weisheit ist das Ziel, sondern „Ihr seid berufen und begabt, von Grund auf und vollgültig." Gottes Liebe, die Liebe, die uns umfängt und hält, ist da, bevor unser Denken und Fühlen, unser Handeln und Tun beginnt. Also. *„Sehet hin!"*

Das ist auch die Botschaft an Paul und Peter heute, die von vielen Gedankengebäuden und Theorien umgeben sind, faszinierende Lehren, überzeugend und anziehend in vielerlei Weise. Auf dem Markt der Religionen wird es Paul und Peter heute schwindelig. Heilslehren überall, Konkurrenz der religiösen Bewegungen innerhalb und außerhalb der Kirche, verwirrend, unübersichtlich wie eine weite Landschaft. *„Sehet, welch eine Liebe hat uns der Vater erwiesen!"*

Zurück zum Ursprung, zum Wesentlichen, zum Kreuz als Urzeichen der Liebe, aus Stein, Holz, Stahl, Glas – transparent, stark, lebendig, natürlich.

„Sehet hin!" „Sehet aufs Kreuz!" Dort ist Wesentliches, die Verbindung von Himmel und Erde, Göttlichem und Menschlichem: K wie Krankheit und Kraft, R wie Rache und Ruhe, E wie Elend und Ehre, U wie Untergang und Urquell, Z wie Zerstörung und Zuhause. *„Welch eine Liebe"*: dort ist sie abgebildet, handfest und unverwechselbar echt. Sie schafft Gemeinschaft wie die Gemeinschaft unter dem Kreuz: Siehe, dein Sohn. Siehe, deine Muter. Die Kinder Gottes, die Gemeinde als Familie Gottes.

Aber nach der ersten Begeisterung war es vorbei mit der großen Zuneigung. Auch in der Familie Gottes gibt es Streit und Unstimmigkeiten, bei Petrus und Paulus und auch bei Paul und Peter.
Also noch einmal *„Sehet!“*. Der Name ist Programm und Aufgabe – mehr als Schall und Rauch: *„...,dass wir Gottes Kinder sollen heißen und es auch sind!“*
Wir Kinder der Zeit, Kinder dieser Welt, verwöhnt und verführt, Kinder des Wohlstandes verlieren leicht das Wesentliche aus den Augen. Es ist gut, darauf hingewiesen zu werden. Wichtige Stationen im Leben der Gemeinde sind Anlass, sich darauf zu besinnen, auf die uralte Botschaft, auf das verlässliche Wort.
Lasst uns davon singen und beten und weitersagen, so wie die Beter der Psalmen es getan haben, vielleicht übertragen in die heutige Zeit wie die Worte des Psalms 103 von Johannes Hansen:
Freunde, lasst uns aufhören mit undankbarer Klage, grundlosem Gejammer, kleingläubiger Sorge. Unsere Augen sind blind, unsere Ohren taub und alle Sinne stumpf geworden für Gottes Güte.
Wir verwöhnten Kinder des Wohls baden in Selbstverständlichkeiten, schreien nach neuen Spielzeugen, haben das Staunen verlernt und Gott zum Lieferanten unserer Sicherheit gemacht.
Unser Glaube ist weich und träge geworden. Wir wollen geliebt werden, ohne selbst zu lieben. Wir wollen Hilfe, ohne selbst zu helfen. Wir wollen Vergebung, ohne selbst zu vergeben. Unsere Erinnerungen verblassen schnell, doch unsere Erwartungen wachsen ständig. Nehmen ist seliger als Geben, und Bedürftige werden uns lästig. Wir bedenken unser Leben nicht mehr vor Gott und vergessen darum, zu danken. Wir wollen gelobt werden und vergessen darum, zu loben. Wir werden immer ärmer, unsere Seelen bluten aus, unser Leben wird langweilig.
Freunde, lasst uns wieder loben, wie der alte Beter lehrt: „Lobe den Herrn, meine Seele, und was in mir ist, seinen heiligen Namen! Lobe den Herrn, meine Seele und vergiss nicht, was er dir Gutes getan hat“. *

* Hansen, S. 46

Also: Lassen wir das Gejammer um die kleinen Misslichkeiten und Fehlerhaftigkeiten, die uns von der Perfektion trennen. Letztlich geht es nicht um Funktionieren und Wohlergehen, sondern um Heilung und Heil-Werden, Erfüllung in der Liebe Gottes, die wesentliches Leben in der Familie Gottes bewirkt. Waren nicht Gottes Wege schon oft zum Staunen, voller Überraschungen und Neuerungen? Viel spannender als die Berechnungen und Verfahren in den Bahnen von Vorschriften und Gesetzen. Wir können nicht ohne leben, aber wir leben letztlich nicht von ihnen und aus ihnen, sondern aus der Liebe Gottes: SEHT DOCH!
Vertraut darauf, verlasst euch darauf und seid getrost!   Amen.

Wahlgottesdienst am 19.9.2002 in Lp-Lipperbruch
Kanzelgruß – Anrede
Ein Stein – nicht speziell für heute. Er kommt aus Dänemark. Einer von sehr vielen. Jetzt ist er ein Einzelstück. Mitgenommen: handlich, glatt. Wahrscheinlich sehr alt, hart, unverwüstlich.
Wenn der Stein erzählen könnte von Wind und Meer, von Kommen und Gehen, von Sonne und Regen, von Hitze und Frost, über Zeiten hinweg, ein Zeuge der Beständigkeit im Wechsel der Jahreszeiten, Freuden und Leiden in Natur und Menschen. Aber er kann ja nicht erzählen. Er ist Zeitzeuge, aber stumm. Wir müssen es schon selbst erahnen und ausmalen: die vielen Ereignisse und Geschehnisse, vor Urzeiten bis heute hin.
Am Ende würden wir wohl staunen über die Fülle der Zeit, die uns auf diese Weise begegnet. Steine sind Zeugen der Zeit – vor zehn Tagen war dies am Tag des Offenen Denkmals zu bedenken. Als Zeugen der Zeit erinnern sie uns an das ewige

Auf und Ab, an Kommen und Gehen, an Bleiben von Dingen über Zeiten hinweg, aber auch an die Vergänglichkeit aller Dinge – letztlich auch von Steinen: Sie werden weggeworfen, begraben, wiedergefunden, verloren, gerieben, behauen, zermalmt von Größeren. Sie werden gebraucht zum Bau von Brücken, zum Bauen von Mauern, sie grenzen ab und verbinden, beides ist möglich.

Im Evangelium dieser Woche heißt es: *„Es war aber eine Höhle und ein Stein davor gelegt... Jesus sprach: Hebt den Stein weg! ... Da hoben sie den Stein weg."*

(Joh 11,38b.39a.41a)

Der Stein ist eine Trennung zwischen Leben und Tod. Der Stein muss weg. Der Weg wird frei. Neues Leben ist möglich. Wir können einstimmen in das alte Wort des Propheten Habakuk, Monatsspruch für September: *„Ich will jubeln über den Herrn und mich freuen über Gott, meinen Retter."* (Hab 3,18).

Mein erster Gedanke bei der Begegnung mit dem Spruch des Monats: „Und das ausgerechnet im September? Im Blick auf den 11. September? Ausgerechnet ein Aufruf zum Jubel und zur Freude über Gott, den Retter? Passt das zusammen?" Wohl kaum.

Aber gerade darum brauchen wir Zeichen! Erinnerungszeichen, Denk-Steine. Sie holen uns zurück aus dem Jammer der Gegenwart und tragen uns hinein in eine größere Dimension des „Ich war, ich bin, ich werde sein".

Der größere Zusammenhang ist wichtig, kann befreien aus der Lethargie des Augenblicks. *„Erst einmal darüber schlafen, erst einmal verdauen..."* das ist nicht nur eine Eigenart der Menschen in unserer Region. Das gibt Kraft aus der Ruhe, neue Hoffnung aus der Besinnung auf vergangene Wohl-Taten: Ich will jubeln, ich kann jubeln, ich werde jubeln.

Wir erfahren es doch immer wieder in unserem Leben, steinalt und steinhart, beständig und sicher die Freude über Gott, unser Heil.

Amen.

Ansprachen zum Volkstrauertag

In den Dörfern der Soester Börde ist es Tradition, dass Geistliche beider Konfessionen auch Ansprachen am Volkstrauertag halten, teils in enger Verbundenheit mit den Sonntagsgottesdiensten in den Kirchen, teils auch ohne einen Bezug. In jedem Fall ist es eine gute Gelegenheit, über den Kreis der Gottesdienstbesucher hinaus Menschen aus verschiedenen Vereinen und Verbänden in besonderer Weise an diesem Tag anzusprechen und den BürgerInnen in ihrer Betroffenheit und in ihrem Engagement für unsere Welt das Gefühl einer Solidargemeinschaft für Frieden und Gerechtigkeit über den eigenen Lebensraum hinaus zu vermitteln. Zugleich ist es ein Stück Lebens- und Entwicklungsgeschichte der Reden eines Geistlichen in einem Zeitraum von 40 Jahren, vom unsicheren Herantasten bis zum Versuch, neue Perspektiven der Friedensarbeit aufzuzeigen.

Volkstrauertag 1973

Liebe Lohner Mitbürger!

Es ist heute sicherlich das erste Mal, dass hier am Volkstrauertag einer zu Ihnen spricht, der nach 1945 geboren ist, also weder den ersten noch den zweiten Weltkrieg miterlebt hat, sondern diese nur vom Hörensagen kennt. Aber es ist, glaube ich, kein Fehler, auch als Nachgeborener Gedanken zu diesem Tag zu äußern. Natürlich fällt es schwer, die gesamten Schrecknisse des Krieges nachzuempfinden, wenn man sie nicht wirklich miterlebt hat. Man darf sicherlich dankbar dafür sein.

Meine ersten Erinnerungen gehen zurück bis zu den letzten Spätheimkehrern aus russischer Gefangenschaft. Das war sehr beeindruckend zu erleben, wie gebannt die Menschen an ihren Radiogeräten saßen und auf die Durchsagen der langen Namenslisten lauschten. Damals bekam ich eine Ahnung davon, was sich vor meiner Geburt ereignet hatte. Später lernten wir dann in der Schule von älteren und jüngeren Lehrern, wie es zugegangen war, dass die Welt plötzlich in Flammen stand und Millionen Menschen ihr Leben lassen mussten. Aber begreifen konnten wir es wohl nie richtig. Und es ist auch wohl nicht zu begreifen. Und doch ist es geschehen.

Dieser schreckliche Krieg, der über die Welt dahinbrauste, obwohl so viele ihn gar nicht wollten und der doch fast zwangsläufig ausgebrochen war. Hat es Sinn, nach fast 30 Jahren noch davon zu reden? Hat es überhaupt Sinn, vom Krieg zu reden? Sollten wir nicht lieber davon schweigen? - Nein, wir müssen davon reden, auch heute noch – aus zwei Gründen: Einmal, weil die Folgen dieses Krieges noch zu sehen sind. Es ist nicht wahr, dass die Wunden geheilt sind. Wir sehen die endlosen Felder mit Kreuzen, die Soldatenfriedhöfe. Wir sehen auch bis heute die Lücken in den Familien, die der Krieg gerissen hat. Die Menschenverluste waren nicht zu ersetzen; denn jeder einzelne von ihnen war unersetzlich in seiner Umgebung. Wir können nicht an ihnen vorbeigehen, ohne ihrer in Trauer zu gedenken. Sie sind in einem Krieg gestorben, den die Nachwelt als sinnlos erkannte. Sie aber fielen in gutem Glauben an die Sache. Das macht unser Gedenken noch schmerzlicher, aber auch notwendig.

Zum anderen müssen wir reden, weil die vielen Millionen Menschen, die Soldaten und Zivilisten, die der Krieg verschlungen hat, nicht vergeblich umgekommen sein dürfen. Welchen Sinn aber können diese Toten anders haben, als Mahnung und Warnung zu sein für die Nachwelt, für uns alle: so etwas darf nie wieder vorkommen! Die Toten schreien es uns entgegen: Nie wieder! Nie wieder! Aber ihr Schreien scheint schwächer zu werden, je mehr wir uns von ihnen entfernen. Deshalb müssen wir wenigstens einmal im Jahr zusammenkommen, um uns und andere an die Totenfelder, die der letzte Krieg hinterließ, zu erinnern. Vielleicht ist es auch bei uns im Laufe der Jahre zur Routinesache geworden: der Volkstrauertag. Viele bei uns nehmen ihn gar nicht zur Kenntnis. Für sie ist es ein Sonntag wie jeder andere. Wir sollten nicht müde werden, es anders zu bezeugen. Man kann Trauern nicht befehlen; denn Trauer lässt sich nicht befehlen. Man kann sie nur einüben und helfen einzuüben. Erspart werden kann sie uns und unserer Welt nicht, wenn sie nicht in noch größere Trauer durch weitere Krisen gestürzt werden soll.

Und in der Tat ist es schon traurig genug um uns und unsere Welt bestellt. Die letzte immer noch andauernde Nahostkrise hat das in verschiedener Hinsicht deutlich gemacht. Sind wir traurig um die Männer, Frauen und Kinder, die dort umgekommen sind? - Wir sind froh, dass es so weit weg ist und haben nur Angst, es könnte sich bis zu uns hin ausdehnen. Aber gerade wir hier in Deutschland müssten endlich einmal an die Menschen denken, die dabei draufgehen. Das kann man nicht damit abtun: Die da unten sind ja auch derartig fanatisch. Sicherlich wollen auch dort viele diesen Krieg nicht. Aber sie können nichts ändern, wie auch wir nichts ändern können. Aber deshalb dürfen wir doch nicht resignieren. Die Toten verlangen es, dass wir uns dafür einsetzen, dass dieser Krieg aufhört. Ist unser Ärger über die Folgen des Nahost-Krieges nicht gering im Vergleich zu den Toten, die dieser Krieg kostet. Der Unterschied ist nur, das eine betrifft uns, das andere ist weit weg.

Wir tun unsere Arbeit. Wir fragen nicht viel nach dem Warum und Wieso und ziehen uns ins Privatleben zurück, wenn es um unsere Welt, um die Zukunft dieser Welt geht. Stabilität ist uns wichtiger als eine ausgleichende Gerechtigkeit zwischen arm und reich. Die Toten mahnen uns, mehr dafür zu tun als für die Erweiterung unserer Kriegsmaschinerie. Trauern allein nützt nichts, wir müssen Friedensdienst tun. Ein Weg ist z. B. die Kriegsgräberfürsorge, wenn sich in ihrem Dienst Jugendliche über den Gräbern ihrer verfeindeten Väter die Hände reichen. Eva Rechlin hat es in ihrem Gedicht *„Der Frieden“* * so zusammengefasst:

Die Angst vor Streit und Hass und Krieg
lässt viele oft nicht ruhn.
Doch wenn man Frieden haben will,
muss man ich selber tun.

Vom Frieden reden hilft nicht viel,
auch nicht, dass man marschiert,
Er kommt wie Lachen, Dank und Traum,
schon wenn man ihn probiert.

Der Frieden wächst, wie Rosen blühn,
so bunt, so schön und still.
Er fängt bei uns zu Hause an,
bei jedem, der ihn will.

Man braucht zum Frieden Liebe,
natürlich auch Verstand,
und wo es was zu heilen gibt,
jede Hand.

* www.vskrems-lerchenfeld/gedicht_frieden.pdf

Volkstrauertag 1979

Liebe MitbürgerInnen, sehr geehrte Damen und Herren!

Volkstrauertag 1979 – 40 Jahre nach dem Ausbruch des letzten Krieges, eine Generation nach dem Ende des letzten Krieges. Man sagt: „Die Zeit heilt alle Wunden.“ Noch sind die Betroffenen unter uns. Die Lücken und Schäden werden empfunden. Und doch ist deutlich, dass alles mit der Zeit verblasst. Geschehenes wird unverständlicher, rückt in immer größere Ferne. Kann es Aufgabe dieses Tages sein, es zurückzuholen? Die Meinungen gingen in diesem „Jubiläumsjahr“ besonders weit auseinander: traurige Vergangenheit ruhen lassen – oder immer wieder neu ins Bewusstsein bringen. Was nützt es? Werden Kräfte frei für eine bessere Zukunft – so oder so? Der Volkstrauertag birgt die Gefahr, dass die Gedanken in bestimmte Gefühlsrichtungen gelenkt werden, die verhindern, dass die tieferen Hintergründe des Tages wahrgenommen werden.

Die einzelnen Betroffenen dürfen und mögen trauern. Sie sollten allerdings nicht darin erstarren. Ein ganzes Volk darf nicht im Gedenken an mehr als 50 Millionen Tote aller Beteiligter im 2. Weltkrieg in Trauer zur Ruhe kommen. Als Volk können wir nicht unser Gewissen damit beschwichtigen: Wir haben die Toten geehrt und Kränze niedergelegt. Dazu wird man leicht an diesem Tag verleitet. Die Mahnung der über 50 Millionen Toten besteht darin: Krieg ist kein unabwendbares Schicksal, sondern es besteht die Aufgabe, aktiv an der Verhinderung mitzuarbeiten. Wenn dieser Tag seinen Sinn behalten soll, dann ist es wohl am besten, ihn umzubenennen etwa in „Tag für den Frieden“, um die Aufgabe zu beschreiben: Wir sind gefordert, etwas zu tun.

Die EKD Ost und West hat in diesem Jahr ein gemeinsames Wort zum Frieden herausgebracht. Darin heißt es: *„Wir wissen: Lange bevor ein Krieg ausbricht, hat er in den Gedanken und Herzen der Menschen schon begonnen. Misstrauen und Angst und das Gefühl der Bedrohung löschen alle anderen Hoffnungen aus. Darum haben wir jetzt für eine konsequente Erziehung zum Frieden zu sorgen. Diese Erziehung wird sich darauf richten müssen, dem Gefühl der Ohnmacht entgegen zu wirken und* *zur friedlichen Lösung von Konflikten zu befähigen, im persönlichen Bereich ebenso wie im Umgang der Staaten miteinander.“* *

Wichtig ist, die Kräfte nicht im Parteiengezänk zu verzetteln, sondern den Frieden als große Aufgabe aller zu sehen und als Ziel zu verfolgen.

Wichtig ist, nicht in Resignation zu verfallen, sondern Mündigkeit zu nutzen zum Einsatz für den Frieden.

Wichtig ist, dass uns trauriges Gedenken nicht lähmt, sondern immer wieder neu dazu motiviert, Wege zum Frieden zu suchen.

Frieden heute heißt, bei uns selbst im kleinen Bereich anzufangen, aber die weltweite Dimension nicht aus den Augen zu verlieren. Unsere Aufgabe ist es, friedfertig zu werden, fertig zum Frieden, aber nicht, mit dem Frieden fertig zu werden, sondern auf dem Weg zu bleiben, nicht nachzulassen, sondern mit langem Atem den Weg weiterzugehen trotz aller Hindernisse, die den Weg verbauen.

Unerlässlich ist, dass wir selbst an den Frieden glauben, an die Möglichkeit einer Zukunft frei von Angst, Unfreiheit und Erniedrigung. Das Sterben der Soldaten und Bombenopfer, der Opfer poltischer, rassistischer und religiöser Verfolgung und das Sterben auf der Flucht und bei der Vertreibung verpflichten uns dazu, an dieser Zukunft zu arbeiten.

Tragt diesen Frieden in die Welt! Nicht jenes Warten, wenn die Waffen schweigen, wenn sich noch Furcht mit Hass die Waage hält, wenn sich Verlierer vor den Siegern beugen – nicht der Friede dieser Welt.

Nicht jene Stille, die den Tod verkündet, da wo es früher einmal Leben gab, wo man kein Wort und keine Tat mehr findet – nicht die Stille überm Grab. Der tiefe Friede, den wir nicht verstehen, der wie ein Strom in unser Leben fließt, der Wunden heilen kann, die wir nicht sehen, weil es Gottes Friede ist.

Tragt diesen Frieden in die Welt.

Carl Friedrich von Weizsäcker: *Der Friede, den wir nicht machen können, setzt uns instand, für den Frieden zu arbeiten, den wir machen sollen.* *

* Kriegsgräberfürsorge 1979

Volkstrauertag 1984

Liebe Mitbürgerinnen und Mitbürger!

Wieder einmal darf ich zu Ihnen am Volkstrauertag sprechen. Das ist keine Selbstverständlichkeit. Als „Nachgeborener" ist man nicht überall willkommen. Ich kann nicht wie andere aus eigener Erfahrung des Krieges sprechen. Aber ist es nicht gerade wichtig, dass die Verbindung geschaffen wird zwischen den Generationen?

Ich selbst spüre es bereits zu den nachfolgenden Jüngeren. Wir haben noch die Trümmer gesehen und die Spätheimkehrer. Wir ahnten, was sich abgespielt haben musste – auch wenn wir es nicht erfassen konnten. Wie schwer es doch fällt, der heutigen Jugend etwas davon zu vermitteln! Und doch ist es gerade in heutiger Zeit unsagbar wichtig angesichts des Wettrüstens im Gedenken an die Opfer der Vergangenheit für eine friedliche Zukunft einzutreten.

Volkstrauertag 1984 – 70 Jahre nach dem Ausbruch des 1. Weltkriegs.

Der Kriegsbegeisterung und dem Hurra-Patriotismus folgte schon bald die Ernüchterung in den ersten Materialschlachten. 30 Jahre später stehen wieder deutsche Heere im Westen und Osten in verzweifeltem und aussichtslosem Kampf, die Niederlage vor Augen. Hohe Persönlichkeiten versuchen, in Verzweiflung mit dem letzten Mittel, dem Attentat, dem Chaos ein Ende zu machen. Vergeblich. Das Sterben von Hundert-tausenden an allen Fronten geht weiter, ebenso in der Heimat unter Bombenteppichen, auf der Flucht und in den Vernichtungslagern.

1984? – Die hochgerüsteten Supermächte stehen sich misstrauisch gegenüber. Das Waffenpotential ist ins Unermessliche gewachsen. Es herrscht kein Friede. Seit Ende des 2. Weltkriegs gab es bereits über 100 Kriege mit 32 Millionen Toten. Am Volkstrauertag haben wir auch unsere Ohnmacht vor Augen, eine friedliche Welt zu schaffen. Das Gedenken an die traurige Vergangenheit verbindet sich mit den Bemühungen der Gegenwart um Frieden und Gerechtigkeit. Beide scheinen auf verlorenem Posten. Wir haben den Weg aus der Trauer und Resignation zur Arbeit für den Frieden zu gehen.

Auf einer Gedenktafel an der Kapelle des Soldatenfriedhofs in Meran in Südtirol heißt es: Die Gefangenen rufen euch zu: *„Wir, die wir für euch gelitten und gestritten und unser höchstes Gut – das Leben – hingegeben haben, hinterlassen euch als letzte Mahnung: Haltet Frieden!"* *

Im Blick auf die Lage der Welt ist wenig Anlass zur Hoffnung.

Wir haben die Frist, die uns gegeben ist, zu nutzen – gegen Fatalismus, Gleichgültigkeit und Resignation, gegen alle Hoffnungslosigkeit an der Hoffnung festzuhalten und für den Frieden einzutreten, für den Frieden zu denken, zu handeln und zu beten.

Volkstrauertag 1987

Liebe Mitbürgerinnen und Mitbürger!

Es ist schon einige Jahre her, dass ich am Volkstrauertag bei der Gedenkfeier hier am Ehrenmal zu Ihnen sprechen durfte. Es muss ja auch nicht immer ein Pastor sein. Vielleicht spricht sogar einiges dagegen, zumal in unserem Ort die Verbindung von Gottesdienst und Gedenkfeier nicht so selbstverständlich ist wie in anderen Orten der Großgemeinde. Ich denke aber, dass es gute Gründe gibt, auch Geistliche bei dieser Feier zu Wort kommen zu lassen. Sehen wir nicht immer wieder, wie weit – oder besser gesagt: wie wenig weit – wir mit unserer menschlichen Kraft des Herzens und des Verstandes bei den Bemühungen um Frieden kommen. Wir merken, dass Friede nicht allein in unserer Macht steht. Dieser Ohn-macht sind wir uns bewusst im Blick auf die Vergangenheit, Gegenwart und Zukunft.

Volkstrauertag - Gedenken an die Opfer der vergangenen Kriege, Gedenken an das Leiden und Sterben von Kameraden und unbeteiligten Frauen und Kindern, Gedenken an die vielen Verluste von Heimat und Eigentum.

Hinter den Zahlen von 50 Millionen Toter aller Völker im 2. Weltkrieg stehen Schicksale von Menschen und Familien, die auch heute noch nicht vergessen sind.

* Kriegsgräberfürsorge 1984

Alle Grausamkeiten der Kriege in der Vergangenheit sollten uns immer wieder neu ein Anstoß sein, für den Frieden zu denken, zu arbeiten und zu beten. Die quasi verordnete Trauer unseres Volkes am heutigen Volkstrauertag bekommt einen Sinn auf Zukunft hin, wenn es auch ein Tag für den Frieden wird. Alle Kräfte mögen sich darin vereinen, Versöhnung zu praktizieren und Feindbilder abzubauen. Die Kirchen versuchen, dazu ihren Beitrag zu leisten, die katholische Kirche am 27. Oktober mit dem Gebetstag für den Frieden in Assisi, die evangelischen Kirchen im Osten und Westen Deutschlands in diesen Tagen mit der 7. Friedensdekade, in der überall in ganz Deutschland wie auch heute hier in unserer Gemeinde Bittgottesdienste für den Frieden in der Welt gehalten wurden.

Es ist wichtig, den Blick nicht nur auf Vergangenes zu richten, sondern aus der Vergangenheit heraus in der Gegenwart auf die Zukunft hin. In diesem Sinne halten wir nun die Totenehrung in der offiziellen Form des Volksbundes Deutsche Kriegsgräberfürsorge e.V.: ....

- Stille - - Ich danke Ihnen.

Volkstrauertag 1993

Liebe Mitbürgerinnen und Mitbürger!

Der Volkstrauertag ist Anlass zum Rückblick und Ausblick. Wir gedenken der Opfer von Kriegen und Gewalt. Wir haben die Bilder vor Augen aus aller Welt, aber auch aus Europa. Die schrecklichen Ereignisse in Jugoslawien haben uns erschüttert – so nah dran, nicht mehr weit weg, mitten in Europa mit Beteiligung auch deutscher Soldaten im „Friedensdienst“ und doch zur Ohnmacht verurteilt.

Hans Otto Weber wies zum Volkstrauertag 1992 auf Unruhe und auf Gewalt überall in der Welt hin, auch in Europa: An jedem Tag wurde uns das Leid ungezählter Menschen vor Augen geführt, das der „totale Krieg“ in Jugoslawien verursachte. Viele flohen aus Angst vor Unmenschlichkeit und Grausamkeit oder sie wurden aus ihrer Heimat vertrieben. Täglich starben Unschuldige oder erlitten Verwundungen.

Frauen wurden vergewaltigt. Erschüttert und zutiefst bewegt mussten wir in den Medien solches Furchtbare mitansehen und dazu die Ohnmacht der Welt gegenüber diesem Geschehen erleben.

Auf diesem dunklen Hintergrund sind wir gerufen, über alles Leid hinweg auf die Zeichen der Hoffnung zu sehen – trotz allem.

Wir sind hier versammelt zum Gedenken. Das ist bereits ein Zeichen der Hoffnung. Es ist wichtig, dass wir nicht in Gleichgültigkeit und Resignation versinken, sondern Zeichen des Friedens wahrnehmen und stärken.

Aus unserer Vergangenheit haben wir die Verpflichtung, Chancen in der Gegenwart zu nutzen, um eine Perspektive des Lebens für die Zukunft zu schaffen. Jede und Jeder kann an seinem bestimmten und besonderen Ort in seinem jeweiligen Aufgabengebiet versuchen, für den Frieden zu denken und zu handeln. Die Würde des Menschen verpflichtet uns dazu, egal ob aus humanitär-ethischen oder religiösen Motiven.

Wir sind aufgerufen, etwas zu tun, damit Gerechtigkeit in unserer Welt sich ausbreitet und Leben ermöglicht – in unserem Land, in Europa, in der Welt. Es braucht Hoffnung und Zuversicht gegen alle Trauer und über alle schrecklichen Erfahrungen hinaus.

„Gerechtigkeit führt zum Leben" ist das Motto unserer ökumenischen Friedensdekade in diesem Jahr. Es ist ein biblisches Wort aus der israelitischen Weisheit. Es gilt über den religiösen Bereich hinaus für die Welt damals und heute.

Friede und Gerechtigkeit gehören zusammen. Biblisch ausgedrückt als Vision: *„Dass Gerechtigkeit und Friede sich küssen."* Gerechtigkeit hebt Grenzen auf. Verzicht bedeutet Hoffnung für andere. Gerechtigkeit bringt uns einander näher. Sie sichert das Leben in der gesamten Schöpfung. So lasst uns den Weg gehen aus der Vergangenheit heraus in die Zukunft. Es ist kein leichter Weg. Es gibt Widerstände und Rückschläge. Aber das Ziel lohnt sich. Es heißt: Gerechtigkeit, Frieden und Bewahrung der Schöpfung.

Volkstrauertag 2001

„Zwischen zwei Völkern drohte ein Krieg auszubrechen. Auf beiden Seiten der Grenze lagerten sich die Heere. Auf beiden Seiten schickten die Feldherrn Kundschafter aus. Sie sollten herausfinden, wo man am leichtesten in das Nachbarland einfallen könnte. Beide Kundschafter kehrten zurück und berichteten ihren Feldherrn: Es gibt nur eine einzige Stelle an der Grenze, wo wir in das andere Land einfallen können. Überall sonst sind hohe Gebirge und tiefe Flüsse. An dieser Stelle aber, so erzählen sie, hat ein Bauer sein Feld. Er wohnt dort in einem kleinen Haus mit seiner Frau und mit seinem Kind. Sie haben sich sehr lieb. Sie sind glücklich. Ja, es heißt, sie sind die glücklichsten Menschen der Welt. Wenn wir über das kleine Feld ins Feindesland einmarschieren, zerstören wir das Glück. Also – so sagten die Kundschafter – kann es keinen Krieg geben.

Das sahen die Feldherrn dann auch wohl oder übel ein, und der Krieg fand nicht statt – wie jeder Mensch begreifen wird.“ * Ein Märchen, liebe MitbürgerInnen. - Nur ein Märchen? - Die Realität sieht anders aus, in diesem Jahr besonders! -

11.9.2001 !

Über 50 Jahre finden diese Gedenkfeiern am Volkstrauertag statt. Der Tenor: „Nie wieder Krieg!“ – Zu grausam, zu schrecklich. Wir haben den 1. + 2. Weltkrieg vor Augen! Wie dankbar waren wir noch vor ca. 10 Jahren, als die Kriegsfolge Teilung zu Ende war? Und jetzt: Angst und Schrecken im Blick auf die Folgen des Terrors. Wie viele Meinungen es auch geben mag, der Traum vom Frieden ist ausgeträumt. Das Märchen ist keine Wirklichkeit. Es war nie Wirklichkeit. Es war nur weiter weg, hat uns nicht direkt betroffen. Und jetzt? Ein Scherbenhaufen! Haben wir uns nicht Jahr für Jahr zum Friedensbekenntnis und zum Einsatz für den Frieden aufrufen lasssen? Wie viele Initiativen haben immer wieder dazu aufgerufen, ganz besonders zum Konziliaren Prozess: Frieden, Gerechtigkeit und Bewahrung der Schöpfung. Alles vergeblich? Ausgerechnet in diesem Jahr, dem 20. Jahr der Friedensdekade-Bewegung, die ihren Anfang in der ehemaligen DDR hatte.

* Hoffsümmer, S. 90f.

Was ist geschehen in der Vergangenheit? Da gab es viele Krisen, viele Konflikte, auch kriegerische Auseinandersetzungen. Helfen uns noch die Bekenntnisse zum Frieden? Oder sind sie wertlos? Wie soll der Einsatz für den Frieden weitergehen? Die Antwort kann nur sein: 1. Umdenken, 2. noch stärker Engagieren - und zwar ALLE, Gruppen und Verbände, Parteien und Einzelne. Nicht locker Lassen. Wege Suchen. Krieg ist nicht die angemessene Möglichkeit zur Lösung. Immer wieder gibt es neue Gewalt. Um so mehr ist es nötig, an den Zielen für eine friedliche Welt festzuhalten. Träume sollen keine Träume bleiben, und Märchen sollen Realität werden. Neue Schritte und Wege sollen dazu helfen, die Erfüllung zu erreichen.

Ein Weg, den Martin Luther King aufgezeigt hat: *„Ich träume davon, dass in den roten Bergen von Georgia die Söhne früherer Sklaven und die Söhne früherer Sklavenhalter eines Tages in Bruderschaft an einem Tisch beieinander sitzen können.*

Ich träume davon, dass meine vier Kinder eines Tages in einem Volk leben, in dem sie nicht nach ihrer Hautfarbe, sondern nach ihren menschlichen Eigenschaften beurteilt werden.

Ich träume, dass eines Tages der Staat Alabama so verwandelt ist, dass kleine schwarze Jungen und kleine schwarze Mädchen sich mit weißen Jungen und weißen Mädchen an die Hände fassen können wie Brüder und Schwestern.

Ich träume, dass eines Tages alle Täler erhöht und alle Hügel und Berge erniedrigt werden. Die ungleichen Stätten sollen eben und die krummen Wege gerade werden. Und der Ruhm des Herrn wird offenbar werden und alles Lebendige wird ihn gemeinsam erkennen.

Das ist unsere Hoffnung. Mit diesem Glauben kehre ich in den Süden zurück. Mit diesem Glauben werden wir den Felsen der Verzweiflung in einen Stein der Hoffnung verwandeln." *

Die Schatten der Vergangenheit holen uns zurück in die Realität. Was können wir tun? Wir haben unserer Toten zu gedenken. Wir tun es in der Hoffnung auf Versöhnung und Frieden.*[2]

* Bittgottesdienst 2001 *[2] Kriegsgräberfürsorge 2001

Ansprachen bei Festen und Feiern

Auch die Reden bei Festen und Feiern der Vereine sind traditionell mit dem Gedenken an die verstorbenen Mitglieder verbunden, wie etwa bei den Schützenfesten mit der Kranzniederlegung am Ehrenmal, bei den Jubiläumsfeiern der Feuerwehr und der Kyffhäuser-Gruppe. Ähnlich wie bei den Gedenkfeiern zum Volkstrauertag bietet sich hier die Gelegenheit, über den Tag hinaus zahlreiche Menschen anzusprechen, die sonst nicht erreicht werden. Das gilt auch für die Schlussworte bei den Seniorenfeiern im Bürgerhaus, von denen eins als Beispiel ausgewählt wurde.

<u>Schützenfest 1995</u>

Toten-Gedenken – das geht nicht im Vorbeigehen. Darum verweilen wir hier am Krieger-Denkmal eine kurze Zeit, halten inne, auch wenn die Gefahr besteht, dass dies Totengedenken die Fröhlichkeit von Fest und Feier stört. Wichtig ist: Nicht nur Vorbeigehen, nicht links liegen Lassen. Hinter uns stehen in die Wand gemeißelt die Namen der Toten, Zeichen der Vergangenheit, Mahnung in der Gegenwart, Weisung für die Zukunft. So verbinden wir Vergangenheit, Gegenwart und Zukunft und versuchen, die Realität auszuhalten, statt uns in Träume zu flüchten. Die Sehnsucht nach Frieden läuft ins Leere, weil der Traum von der Heilen Welt sich nicht erfüllt. Es ist nicht so einfach, sonst wäre ja das Unmögliche möglich, was Menschen unserer Zeit ironisch-sarkastisch beschrieben haben: *Die Maßnahmen*

Die Faulen werden geschlachtet,
die Welt wird fleißig.
Die Hässlichen werden geschlachtet,
die Welt wird schön.
Die Narren werden geschlachtet,
die Welt wird weise.
Die Kranken werden geschlachtet,
die Welt wird gesund.

Die Traurigen werden geschlachtet,

die Welt wird lustig.

Die Alten werden geschlachtet,

die Welt wird jung.

Die Feinde werden geschlachtet,

die Welt wird freundlich.

Die Bösen werden geschlachtet,

die Welt wird gut. *

Die letzten Jahre waren besonders von Kriegen begleitet im Golf und in Jugoslawien. Heute ist es weniger fassbar, weniger deutlich: alle die Folgen von Kriegen und Terror – Leid und Elend in dieser Welt. Jederzeit können die Ungerechtigkeiten in dieser Welt dazu führen, dass Fest und Feier nicht mehr stattfinden.

Darum ist es wichtig, am Festtag inne zu halten, um sich bewusst zu werden: Frieden ist keine Selbstverständlichkeit. Aus Dankbarkeit für die Gegebenheiten bei uns feiern wir Feste, ohne zu vergessen, dass in Vergangenheit, Gegenwart und Zukunft hier und anderswo Menschen ihr Leben verloren haben, verlieren und auch weiterhin verlieren werden.

So gedenken wir an dieser Stelle der Kriegstoten besonders der Weltkriege, der an den Folgen der Kriege Verstorbenen und Leidenden. Wir gedenken auch der Toten und Verletzten der vielen kriegerischen Auseinandersetzungen der vergangenen 50 Jahre, der durch Terror und Gewalt an Leib und Seele Geschädigten.

Wir gedenken an dieser Stelle der Verstorbenen, besonders auch der verstorbenen Schützenbrüder – gerade in der letzten Woche hat uns die Nachricht vom Tode des Schützenkönigs von vor 30 Jahren Wilhelm Hinners erreicht.

Wo wir innehalten und uns besinnen, geschieht der erste Schritt zu einer Welt des Lebens, in der Fest und Feier für alle möglich ist. Wenn wir der Vergangenheit gedenken – nicht nur im Vorbeigehen -, erhalten wir Perspektiven für die Zukunft.

* Bittgottesdienst 1995 aus Friedenstexte

Diese Hoffnung möge mit uns gehen. Dazu bitte ich Sie um einen Moment der Besinnung, des Schweigens, des Gedenkens und lade Sie ein zum Nachdenken über Worte des Glaubens, der Hoffnung, der Zuversicht von Dietrich Bonhoeffer:

ICH GLAUBE, dass Gott aus allem,
auch aus dem Bösesten,
Gutes entstehen lassen kann und will.
Dafür braucht er Menschen,
die sich alle Dinge zum Besten dienen lassen.
ICH GLAUBE, dass Gott uns in jeder Notlage
soviel Widerstandskraft geben will,
wie wir brauchen.
Aber er gibt sie nicht im voraus,
damit wir uns nicht auf uns selbst,
sondern auf ihn verlassen.
In solchem Glauben
müßte alle Angst vor der Zukunft
überwunden sein.
ICH GLAUBE, dass auch unsere Fehler und Irrtümer
nicht vergeblich sind
und dass es Gott nicht schwerer ist,
mit ihnen fertig zu werden
als mit unseren vermeintlichen Guttaten.
ICH GLAUBE, dass Gott kein zeitloses Schicksal ist,
sondern dass er auf aufrichtige Gebete
und verantwortliche Taten wartet und antwortet. *

- Stille -

- Totenehrung mit Verlesen der Namen: .... -

Ich danke Ihnen.

* Bittgottesdienst 1995

Schützenfest 2004

In diesem Jahr sind besonders viele Fahnen zu sehen: Neue Schützenfest-Fahnen in den Vereinsfarben blau-gelb mit dem Ortswappen. Schmuck für die Häuser, für den Ort. Zeichen des Festes und der Verbundenheit untereinander. Zeichen auch für die Verbindung von Vergangenheit, Gegenwart und Zukunft. Dafür stehen die Symbole: die Sense für die landwirtschaftliche Grundlage in der Börde, der Schlüssel für das Handwerk in dieser Region - er öffnet Türen und Möglichkeiten in Gegenwart und Zukunft -, der Sälzerstern als Zeichen für Salz und Sole und die weitere Entwicklung des Kurbetriebs. Alle zusammen verbinden sie Vergangenheit, Gegenwart und Zukunft mit unterschiedlichem Gewicht in den verschiedenen Zeiten. Alle zusammen: die Wiedergabe der Tradition dieses Ortes in der auch der Schützenverein nun schon 170 Jahre seinen Platz hat.

Wir gedenken hier der Verstorbenen und schlagen die Brücke von der Vergangenheit in die Gegenwart und Zukunft. Tradition kann einengen und belasten, sie kann Sicherheiten geben in der Vorgabe von Handlungsräumen, sie kann aber auch befreien zur Gestaltung der Zukunft in dem Wissen: da waren schon vor uns welche, die hier gelebt, gearbeitet und gefeiert haben.

Ihrer gedenken wir hier und namentlich derer, die in diesem Jahr im Schützenboten genannt sind: .... - Stille - Ich danke Ihnen.

Schützenfest 2005

60 Jahre Kriegsende. - Zeit des Rückblicks, Zeit der Besinnung.

60 Jahre Kapitulation oder Befreiung – je nach Sichtweise.

Auf jeden Fall: 60 Jahre ohne Krieg bei uns, Frieden bei uns – trotz der über 100 Kriege weltweit. Grund zum Danken und Feiern, besonders beim Schützenfest.

An diesem Ort erinnern wir uns an Tote und Gefallene. Es ist der dunkle Hintergrund unseres Friedens. Es zeigt uns: die Bäume wachsen nicht in den Himmel, aber auch: das endlose Klagen und Jammern hilft nicht weiter. Not-wendiges ist zu tun. Reformen sind fortzusetzen. Probleme der Zeit sind wahrzunehmen und zu bearbeiten. Die Globalisierung muss als Chance begriffen werden. Dann kann die EU zum Rahmen für vernünftiges Handeln werden, aber nicht so, dass Zucker zu bitterem Zucker bei uns und in der 2/3 Welt wird.

In dieser Situation gilt es, aus der Vergangenheit zu lernen und mit Mut und Gottvertrauen nicht nachzulassen, an der Lösung der Aufgaben zu arbeiten. Dabei erwächst Kraft und Mut aus der Freude und Dankbarkeit des Friedens-Geschenks von 60 Jahren. So könnte sich die Freude des Festes heute mit der Aussicht auf die Ewigkeit verbinden und Wegweisung sein. Mit Worten von Hanns Dieter Hüsch:

Wir alle sind in Gottes Hand, ein jeder Mensch in jedem Land.
Wir kommen und wir gehen, wir singen und wir grüßen,
wir weinen und wir lachen, wir beten und wir büßen.
Gott will uns fröhlich machen.
Wir alle haben unsre Zeit, Gott hält die Sanduhr stets bereit.
Wir blühen und verwelken vom Kopf bis zu den Füßen,
wir packen unsre Sachen, wir beten und wir büßen.
Gott will uns leichter machen.
Wir alle haben unser Los und sind getrost auf Gottes Floß
die Welt entlang gefahren, auf Meeren und auf Flüssen,
die Starken mit den Schwachen, zu beten und zu büßen.
Gott will uns schöner machen.
Wir alle bleiben Gottes Kind,
auch wenn wir schon erwachsen sind.
Wir werden immer kleiner, bis wir am Ende wissen,
vom Mund bis zu den Zehen, wenn wir gen Himmel müssen,
Gott will uns heiter sehen. *

Wir gedenken der Gefallenen und der Kriegstoten. Wir schließen hier auch die Verstorbenen mit ein – namentlich die im Schützenboten aufgeführten verdienstvollen verstorbenen Schützenbrüder: .... – Stilles Gedenken – Ich danke Ihnen.

* www.predigten.uni-goettingen.de/archiv-6/040606-2.htm

Kyffhäuser-Jubiläumsfeier

Sehr geehrte Damen und Herren, liebe Mitglieder des Kyffhäuser-Bundes!

125 Jahre – eine lange Zeit für uns Menschen. Generationen kommen und gehen. Viele sind im Tod vorangegangen – auch in der letzten langen Zeit des Friedens, in den über 50 Jahren nach dem letzten Krieg.

125 Jahre – wie anders sah die Welt damals aus, kurz nach dem Krieg 1870/71. Wer hätte sich ausmalen können, was noch alles kam an Kriegen und kriegerischen Auseinandersetzungen, an weltweiten Katastrophen.

125 Jahre – viele Gelegenheiten zum Heldentod, aber auch zum elenden Dahinraffen von Menschenleben. Es wurde gelebt und gestorben auf vielerlei Weise an vielen Orten.

Das Jubiläum führt den Blick zurück in die Erinnerung. Was bleibt, was ist der Sinn? Es gibt Niederlagen und Siege. Am Ende blüht allen, Freund und Feind, die Vergänglichkeit, der Tod, so oder so. Im Tod, sagt man, sind alle gleich. Es gibt kein Entrinnen.

Im ehrenden Gedenken wird ein Stück vom Tod ins Leben versetzt. Die Verbindung von Vergangenheit und Gegenwart eröffnet Zukunft. Die Tradition im guten Sinne verbindet Vergangenheit, Gegenwart und Zukunft und eröffnet Perspektiven des Lebens, die größer sind als der Tod. Es ist gut, dass die Jubiläumsfeier zum Innehalten und Gedenken hilft. Wir tun es heute hier am Eingang zum Kurpark, wo seit 1881 diese Gedenkstätte als Zeichen und Mahnmal steht, mit dem Hinweis auf die Bibelstelle 1Kor 15,55: *Der Tod ist verschlungen in den Sieg. Tod, wo ist dein Stachel. Hölle, wo ist dein Sieg?*

Die endgültige Grenze unseres Lebens ist durch keinen irdischen Sieg zu überwinden, sondern allein durch eine größere Kraft, die hier und da in besonderen Situationen spürbar, aber nicht verfügbar ist, auch nicht im Heldentod. Es ist jene Kraft, die im Durchgang aus dem irdischen ins ewige Leben spürbar und erfahrbar ist. Es ist die Hoffnung und Gewissheit im irdischen Getümmel und in allem

Wirrwarr der Zeiten, im Auf und Ab von Krieg und Frieden, Leben und Sterben, Geburt und Tod.

Daran festzuhalten, bedarf es oft Kraft und Mut. Dafür braucht es die Gemeinschaft – auch über den Tod hinaus: *Der gute Kamerad* (Ludwig Uhland)*

Ich hatt einen Kameraden,
Einen besseren findst du nit.
Die Trommel schlug zum Streite,
Er ging an meiner Seite
In gleichem Schritt und Tritt.

Eine Kugel kam geflogen,
Gilt's mir oder gilt es dir?
Ihn hat es weggerissen,
Er liegt mir vor den Füßen,
Als wär's ein Stück von mir.

Will mir die Hand noch reichen,
Derweil ich eben lad:
„Kann dir die Hand nicht geben,
Bleib du im ew'gen Leben
Mein guter Kamerad!"

Feuerwehrjubiläum 1986

Liebe Feuerwehrleute, sehr geehrte Gäste!

Wenn eine Person im Dorf 85 Jahre alt wird, ist das ein Grund zum Feiern für die Familie, für Nachbarn, Freunde und Bekannte. Vertreter der Gemeinde ehren die hochbetagte Person durch ihren Besuch.

Bei einer Einrichtung oder einem Verein ist das etwas anders. 85 Jahre ist zwar eine stolze Zeitspanne, aber nicht unbedingt ein Grund zum Feiern. Geht es heute vielleicht um Feiern um des Feierns willen?

Beim Jubiläumswochenende, das heute beginnt, sind allerdings noch drei weitere Jubiläen eingeschlossen: 30 Jahre ist das älteste Fahrzeug, 10 Jahre das Gerätehaus und 5 Jahre die Jugendfeuerwehr. Das alles zusammen ist Grund zum Feiern und zur Freude.

Jedes Jubiläum aber hat über das übliche Feiern hinaus zwei Aspekte: Rückblick und Ausblick. Der Rückblick geht fast von selbst. Alte Bilder, alte Namen, alte Geschichten und Anekdoten erscheinen im Licht der Vergangenheit oft noch interessanter. Erinnerungen an Personen und Daten, die wichtig und wegweisend waren, gibt es genug aus den letzten 85 Jahren, in der die Entwicklung der Technik so rasend vorangeschritten ist.

* Echtermeyer, S. 400

Allerdings waren diese Jahre vor allem auch schwere Zeiten, Kriegs- und Nachkriegszeiten, die uns hier am Ehrenmal deutlich vor Augen stehen. Als Feuerwehrleute sind sie durch die Gedenkfeiern besonders mit diesem Ehrenmal verbunden. Darum ist dies auch der Ort, an dem das Jubiläumswochenende mit dem Gedenken an die Verstorbenen beginnen soll. Sie sind im Tod vorausgegangen und haben durch ihren Einsatz auch den heutigen Stand der Dinge ermöglicht, oft durch harte Knochenarbeit, als die technischen Voraussetzungen noch nicht so weit fortgeschritten waren, für die Jüngeren kaum vorstellbar: Ledereimer und Löschteiche, Gerätehäuser mitten in den Dörfern, damit die Wege nicht so weit waren.

All das ist Vergangenheit, aber der Einsatz und das Engagement der Alten ist verpflichtend und wegweisend bis heute. Die Zukunftspläne sind daran auszurichten, denn Wachsamkeit und Einsatzbereitschaft werden trotz aller technischen Möglichkeiten auch in Zukunft die Arbeit der Feuerwehr für das Gemeinwohl bestimmen.

Lasst uns in einer Gedenkminute des verpflichtenden Erbes der verstorbenen Feuerwehrleute gedenken: .... - Stille -

Darum auch für die Zukunft:

Gott zur Ehr'
dem Nächsten zur Wehr!

Feuerwehrjubiläum 1996

Liebe Feuerwehrleute, sehr geehrte Damen und Herren!

Wir haben uns hier versammelt, um der Toten zu gedenken, die ihr Leben im Einsatz für andere verloren haben. Das ist gute Tradition.

Sterben und Tod im Einsatz für andere soll möglichst verhindert werden. Es ist nicht immer möglich. Helfen und Leben Retten ist Ihre Aufgabe bei Unfällen, Notfällen und Katastrophen. Gerade in letzter Zeit gibt es viele Beispiele, hier in der Nähe und in noch viel größerem Ausmaß in Düsseldorf, Tschernobyl und andernorts. Diese

Ereignisse machen deutlich: nicht immer gelingt der Sieg über den Tod, nicht immer ist Rettung möglich – trotz aller menschlichen Bemühungen. Oft ist die Übermacht des Feuers, des Unglücks größer. Hilfe kommt zu spät oder ist unzureichend. Das müssen wir realistisch sehen und annehmen. Aber es ist kein Grund zum Resignieren und Erdulden, sondern es ist alles zu tun, damit Hilfe so weit möglich geschieht, alles Menschenmögliche getan wird. Die Technik ist heute eine große Hilfe im Kampf für das Leben, aber auch dort gibt es Grenzen. Es ist nicht alles möglich und auch nicht alles gut. Wichtig ist das richtige Einschätzen der Möglichkeiten und Fähigkeiten. Auch Helfer geraten oft in Gefahr. Zum 10. Jahrestag des Unglücks von Tschernobyl wurde auch der 31 Feuerwehrleute gedacht, die schon damals ums Leben kamen. Viele Sterbenskranke und Tote folgten im Laufe der Jahre. Trotzdem gilt: Nicht Nachlassen im Bemühen zu helfen. Da ist es nicht nur mit kleinen Hilfen getan – seien sie auch noch so wichtig. Die Strukturen sind zu verbessern, um Katastrophen zu verhindern. Das geht hinein in die politischen Entscheidungen und Kompetenzen. Es muss öffentlich darauf aufmerksam gemacht werden, dass Einsatz für andere nicht von alleine geht, sondern, dass Grundlagen zu schaffen sind, um Leben zu retten und zu erhalten. Es muss immer wieder neu in Angriff genommen werden.

Feuerwehrjubiläum 2001

Liebe Mitglieder und Freunde der Feuerwehr, verehrte Festversammlung!

100 Jahre – eine ansehnliche Zeitspanne in der menschlichen Geschichte. Nach 100 Jahren sind alle Zeitzeugen gestorben. In 100 Jahren gibt es rein statistisch drei Generationen – Tendenz fallend. Aber trotz steigender Lebenserwartung: ein stolzes Jubiläum für ein Menschenleben - ganz wenige erreichen es - und ähnlich für einen Verein, eine Gruppe, die Feuerwehr. Grund zum Feiern, sicherlich, aber auch zum Innehalten und zur Besinnung.

Nach 100 Jahren gibt es keine Zeitzeugen mehr. Wir spüren die Vergänglichkeit, den Strom der Zeit. Was bleibt? Erinnerungen verblassen. Überlieferungen verfliegen in der Ferne der Vergangenheit. Keiner kann mehr sagen: „Weißt du noch?“ Und doch ist es wichtig, Traditionen zu bewahren und geschichtliche Ereignisse festzuhalten, um der Sache willen, zum Wohle nachfolgender Generationen. Risse vermeiden, Abrisse nicht zulassen, vielmehr jene Kette schmieden, die sich durch die Zeiten zieht. Hier ist der Ort der Begegnung von Geschichte im Namen derer, die hier gewohnt und gelebt haben. Andenken sind zu bewahren und Verbindungen zu knüpfen: aus der Vergangenheit zur Gegenwart, um Wege in die Zukunft zu finden und zu bewahren. Was als Vermächtnis über die Zeiten bleibt: der Einsatz von Leben für das Gemeinwohl zur Rettung und Hilfe, Schutz und Bewahrung. Die Tradition kann helfen, Vergangenheit, Gegenwart und Zukunft zu verbinden, zu lernen und zu gestalten. Nicht jede Generation kann wieder bei „0“ anfangen, sondern muss weiterführen, aber auch erneuern und neu gestalten. Das ist aber nur möglich, wenn das Alte, Tradierte bekannt und bewusst ist. Sonst besteht die Gefahr, dass Fehler wiederholt werden. Wo das Vergangene – in welcher Form auch immer – bekannt ist, kann in der Gegenwart versucht werden, neue Wege in die Zukunft zu gehen zum Wohle der Menschen und der Gemeinschaft. Darum ist es gut, hier und jetzt Rückblick zu halten, der Menschen zu gedenken und sie zu ehren. Aber es ist auch wichtig, nach vorne zu sehen, nicht in der Vergangenheit zu verharren und liebgewordene Gewohnheiten festzuhalten, sondern neue Wege zu gehen. Dafür suchen wir Kraft aus der Stille des Gedenkens, Überdenkens und Neudenkens.

- Stille -

Wir vertrauen mit Jochen Klepper auf die Hilfe in der Zukunft*:

Der Du allein der Ewige heißt
und Anfang, Ziel und Mitte weißt
im Fluge unsrer Zeiten,
bleib du uns gnädig zugewandt
und führe uns an deiner Hand,
damit wir sicher schreiten.

* EG, S. 131

Seniorenfeier im Bürgerhaus 1992

Sehr geehrte Damen und Herren, liebe ältere MitbürgerInnen!

Ein weiser Mensch betrachtet die Welt. Er betrachtet die Menschen, die Tiere, das Leben. Das Kommen und Gehen. Das Arbeiten und Ausruhen. Das Freuen und das Traurigsein. Ein weiser Mensch hat es in der Bibel so beschrieben: *Geboren werden hat seine Zeit, sterben hat seine Zeit; pflanzen hat seine Zeit, ausreißen, was gepflanzt ist, hat seine Zeit; töten hat seine Zeit, heilen hat seine Zeit; abbrechen hat seine Zeit, bauen hat seine Zeit; weinen hat seine Zeit, lachen hat seine Zeit; klagen hat seine Zeit, tanzen hat seine Zeit.* (Prediger Salomo 3,2-4)

Ja, alles hat seine Zeit. Jungsein und Altsein, Wachsen und Vergehen. Sie als ältere Menschen haben es in Ihrem Leben erlebt. Der Lebenskreis wurde größer, wuchs und wurde nun im Alter wieder kleiner. Manchmal denken wir dann zurück an den alten, großen Lebenskreis, an die eigene Wohnung, an die Familie. Der Blick zurück manchmal in Wehmut und Traurigkeit. An die Stelle der alten Bekannten sind neue getreten. Oft nicht so einfach; denn jede und jeder bringt seine besonderen Lebenserfahrungen mit. An die Stelle der Sorgen für das Leben ist die Versorgung getreten. Denn: Arbeiten hat seine Zeit und Nicht-Arbeiten hat seine Zeit. Wichtig ist allein, in Weisheit die Vergänglichkeit des Lebens wahrzunehmen, aber auch jenes Stück Ewigkeit, das in jedem Augenblick unseres Lebens lebendig ist, wie es Hermann Hesse beschreibt:

Stufen

Wie jede Blüte welkt und jede Jugend
Dem Alter weicht, blüht jede Lebensstufe,
Blüht jede Weisheit auch und jede Tugend
Zu ihrer Zeit und darf nicht ewig dauern.
Es muss das Herz bei jedem Lebensrufe
Bereit zum Abschied sein und Neubeginne,
Um sich in Tapferkeit und ohne Trauern
In andere, neue Bindungen zu geben.

Und jedem Anfang wohnt ein Zauber inne,
Der uns beschützt und der uns hilft, zu leben.

Wir sollen heiter Raum um Raum durchschreiten,
An keinem wie an einer Heimat hängen,
Der Weltgeist will nicht fesseln uns und engen,
Es will uns Stuf' um Stufe heben, weiten.
Kaum sind wir heimisch einem Lebenskreise
Und traulich eingewohnt, so droht Erschlaffen;
Nur wer bereit zu Aufbruch ist und Reise,
Mag lähmender Gewöhnung sich entraffen.

Es wird vielleicht auch noch die Todesstunde
Uns neuen Räumen jung entgegen senden,
Des Lebens Ruf an uns wird niemals enden...
Wohlan denn, Herz, nimm Abschied und gesunde. *

Diese Fülle des Lebens ist uns nicht jeden Tag vor Augen und gegenwärtig. Am heutigen Tag des Sommerfestes aber könnte davon ein Stück spürbar werden: vom Ruf des Lebens, vom Aufbruch mit anderen und mit uns selbst.

Dann können wir vielleicht einstimmen in die Worte des Beters von Psalm 103:

Lobe den Herrn, meine Seele,
und was in mir ist, seinen heiligen Namen!
Lobe den Herrn, meine Seele,
und vergiss nicht, was er dir Gutes getan hat:
der dir alle deine Sünden vergibt und heilet alle deine Gebrechen,
der dein Leben vom Verderben erlöst, der dich krönet mit Gnade und Barmherzigkeit,
der deinen Mund fröhlich macht, und du wieder jung wirst wie ein Adler.
Lobe den Herrn, meine Seele!

Ich danke Ihnen.

* EG, S. 1404

Geistliche Reden im Kurbereich

Jetzt soll zum Abschluss der Weg zurück führen zu den Geistlichen Reden, und zwar über die „Geistlichen Worte im Kurkonzert“ und die „Ökumenischen Kurandachten“ zur Abschluss-Predigt „Rückblick und Ausblick“ am Ende als Resümee „Statt eines Nachwortes“.

Im Kurort Bad Sassendorf haben die Kirchengemeinden auch immer die Kurgäste und Patienten als „Gemeindeglieder auf Zeit“ im Blick. Bevor dafür personelle Zusatzkräfte zur Verfügung gestellt wurden, geschah dies vor allem durch das vorhandene ortsansässige Pfarrpersonal zunächst in besonderen Kurandachten in der historischen Ev. Pfarrkirche. Ausgestattet mit Programm-Zetteln gab es für die TeilnehmerInnen besonders auch meditative Elemente, musikalische Abschnitte und kurze Ansprachen. Die abgedruckten Beispiele stammen aus dem Jahr 1979.

Die Geistlichen Worte im Kurkonzert ersetzten später diese Kurandachten. Als „Pausenfüller“ zwischen zwei Musikstücken dienten sie der Begrüßung und der Einladung zu den Veranstaltungen der Kirchengemeinden vor Ort. Vom Wesen her entsprechen sie mehr den Ansprachen bei den weltlichen Veranstaltungen – also Reden eines Geistlichen in weltoffenem Rahmen (übrigens immer wie die Musikstücke mit Beifall des Publikums bedacht). Sie sind in der äußeren Reihenfolge darum auch den Geistlichen Reden in den Kurandachten vorangestellt.

Letztere leiten dann über zur „richtigen“ Predigt „Statt eines Nachwortes“, in der Ziel und Zweck der geistlichen Redens in heutiger Zeit auf dem Hintergrund heutiger Gemeindearbeit, pastoralen Dienstes und zeitgemäßer Verkündigung rück- und ausblickend beschrieben wird. Es geht um einen neuen Aufbruch, heraus aus der Lethargie der Vergangenheit neue Wege zu gehen und nicht am Alten festzuhalten. Eine neue Sicht der Dinge ist nötig, neue Wege gehen und nicht im üblichen vertrauten Umfeld verharren. Wege in die Zukunft beschreiten ist das gemeinsame Ziel. Der Weg dahin führt über neue Wege der Verkündigung über die engen Grenzen der Kirche hinaus in die Welt, wo die Menschen sind: in ihrer Freizeit, in Vereinen, „an den Hecken und Zäunen“.

Geistliche Worte im Kurkonzert 1985

Wohin geht die Reise?

Sehr geehrte Damen und Herren, liebe Gäste!

Im Namen der Katholischen und Evangelischen Kirchengemeinden des Kurortes möchte ich Sie, besonders alle Neuankömmlinge, herzlich begrüßen.

Wir bemühen uns in unserem schönen Kurort, auch die Gäste miteinzubeziehen und möchten uns mit diesem Geistlichen Wort einladend vorstellen. Ich bin Pfarrer Wolfgang Kolnsberg von der Ev. Kirchengemeinde.

Sie suchen als Gäste hier in Bad Sassendorf Erholung und Linderung von Schmerzen, Heilung, möglichst sogar die Wiederherstellung Ihrer Gesundheit. Sie haben neben den Anwendungen relativ viel freie Zeit zur Verfügung. Sie können den Alltag hinter sich lassen mit den verschiedenen Anforderungen. Ein wenig mehr Zeit für Besinnung und Muße ist Ihnen geschenkt. Zeit wohl auch für die Fragen des Lebens über das Normale, Alltägliche hinaus: Wozu lebe ich eigentlich? Wo liegt der Sinn? Was ist gut – was müsste sich ändern?

Antoine de Saint-Exupéry schreibt in „Der Kleine Prinz“:

„Guten Tag“, sagte der kleine Prinz.

„Guten Tag“, sagte der Weichensteller.

„Was machst du da?“ sagte der kleine Prinz.

„Ich sortiere die Reisenden nach Tausenderpaketen“, sagte der Weichensteller. „Ich schicke die Züge, die sie fortbringen, bald nach rechts, bald nach links.“

Und ein lichterfunkelnder Schnellzug, grollend wie der Donner, machte das Weichenstellerhäuschen erzittern.

„Sie haben es sehr eilig“, sagte der kleine Prinz. „Wohin wollen sie?“

„ Der Mann von der Lokomotive weiß es selbst nicht“, sagte der Weichensteller.

Und ein zweiter blitzender Schnellzug donnerte vorbei, in entgegengesetzter Richtung.

„Sie kommen schon zurück?“ fragte der kleine Prinz.

„Das sind nicht dieselben", sagte der Weichensteller. „Das wechselt."
„Waren sie nicht zufrieden dort, wo sie waren?"
„Man ist nie zufrieden, wo man ist", sagte der Weichensteller.
Und es rollte der Donner eines dritten funkelnden Schnellzuges vorbei.
„Verfolgen diese die ersten Reisenden?" fragte der kleine Prinz.
„Sie verfolgen gar nichts", sagte der Weichensteller. „Sie schlafen da drinnen oder sie gähnen auch. Nur die Kinder drücken ihre Nasen gegen die Fensterscheiben."
„Nur die Kinder wissen, wohin sie wollen", sagte der kleine Prinz. „Sie wenden ihre Zeit an eine Puppe aus Stofffetzen, und die Puppe wird ihnen sehr wertvoll, und wenn man sie ihnen wegnimmt, weinen sie..."
„Sie haben es gut", sagte der Weichensteller. *

Wohin geht unsere Reise?
Schon diese Frage zu stellen, ist ein wichtiger, wesentlicher Schritt. Wir haben die Gabe verloren, wie die kleinen Kinder, das Wesentliche im Blick zu haben. Jesus sagt: *„Wahrlich, ich sage euch: Wenn ihr nicht umkehrt und werdet wie die Kinder, so werdet ihr nicht in das Himmelreich kommen."* (Mt 18,3). Ein tiefsinniges Wort. Werden wie die Kinder heißt nicht, kindisch oder albern zu werden, sondern Augen haben für das Wesentliche, ganz und gar bei der Sache sein, die Welt hinter sich lassen können, letztlich Gott erfahren als Vater und Urheber allen Lebens. Wir möchten Sie als Kirchengemeinden auf diesem Weg begleiten: in den Gottesdiensten, in den Gesprächsangeboten und Veranstaltungen der Gemeinden.
In diesem Sinne möchte ich sie aktuell herzlich einladen zum Filmvortrag heute um 19.30 Uhr im Haus „Gartenstr. 28" mit dem Thema „Christsein im Alltag".
Ich danke Ihnen.

* Der Kleine Prinz, S. 73f

Das Wesentliche entdecken!

Zum Geistlichen Wort im Kurkonzert begrüße ich Sie als Gäste in unserem Kurort im Namen der Kirchengemeinden. Mein Name ist Wolfgang Kolnsberg. Ich bin Pfarrer in der Ev. Kirchengemeinde.

Liebe Gäste, Erholung und Heilung Suchende, in dieser Woche gibt es in NRW die großen Ferien. Viele Familien fahren in Urlaub. Für viele ist es die schönste Zeit im Jahr. Mit dem Urlaub sind zahlreiche Wünsche verbunden. Wünsche nach Erholung und Ruhe, Entspannung und Freizeitgestaltung. Sie sind vielfältig und unterschiedlich wie die Menschen. Es gibt Erfüllungen und Enttäuschungen wie immer im Leben. Vieles hängt vom Wetter ab – nicht alles. Der Sonnenschein draußen allein macht es nicht, auch wenn er eine wichtige Voraus-setzung sein mag. Entscheidend ist auch, wie wir zu unseren Wünschen stehen. Ob sie realistisch sind oder Wunschträume, die nur schwer zu erfüllen sind. Eine Hilfe: die Bescheidenheit und die Freude an den kleinen Dingen. Nicht die Erfüllung der großen Wünsche ist entscheidend, sondern das Glück und die Erfüllung im Kleinen zu finden. Eine kleine Geschichte soll das verdeutlichen:

Der Traum von der Glaskugel

Ein Kind war im Traum unterwegs. Seltsame Landschaften glitten vorüber. Manchmal schien die Gegend vertrauter, dann wieder völlig fremd, so dass das Kind bald mehr und mehr von dem Gedanken geängstigt wurde, es könnte sich verirrt haben. Als es schließlich verwirrt und verzweifelt stehenblieb, weil es nicht mehr wusste, welche Richtung es einschlagen sollte, begegnete ihm plötzlich ein uralter Mann mit schneeweißem Haar. Aus seinem jugendlichen Gesicht, das in merkwürdigem Gegensatz zu seinem Alter stand, blickten zwei kluge und gütige Augen. Er fragte: „Warum hast du solche Angst? Was bedrückt dich?" Da erzählte ihm das Kind von seiner Not und fragte ihn, ob er ihm helfen könne, den rechten Weg zu finden. „Um dir den rechten Weg zeigen zu können", sagte er, „musst du mir etwas mehr von dir erzählen; dazu muss ich dich besser kennenlernen. Sage mir *also, was du bisher schon getan hast. Und merkwürdig, wie von selbst ergab es sich, dass es anfing, aus seinem Leben zu erzählen: von seinem Bemühen, alles richtig zu machen; von seinem großen Eifer bei der Arbeit und von seiner großen Verzweiflung darüber, dass trotz alledem die Fehlschläge und Enttäuschungen immer zahlreicher würden. „Ich habe keine Zeit mit unnützen Spielen verloren", sagte das Kind, „und ich habe so manchen Nachmittag einsam über meinen Schularbeiten gesessen, während sich die Kameraden beim Baden oder Ballspielen vergnügten." „Schön" antwortete der Alte, „ schön, und sonst? Hast du sonst nichts getan?" Das Kind zögerte , denn es fiel ihm nicht leicht, davon zu erzählen, dass es hin und wieder der Versuchung erlegen war, mit einer wunderschönen Glaskugel zu spielen, die das Licht einfing und – in tausend und abertausend bunte Strahlen gebrochen – wieder zurückwarf. - Endlich begann es, stockend davon zu reden, und sagte schließlich: „Immer, wenn ich diese Kugel in der Hand hielt und beim Spiel in das funkelnde Licht blickte, dann vergaß ich mich selbst, dann fühlte ich mich endlich leicht." „Nun sage mir", bekam es zur Antwort, „von allen Dingen, die du bisher getan hast, wobei empfandest du am meisten Freude?" Beim Spielen mit der Glaskugel, schoss es ihm durch den Kopf. Ganz beschämt berichtete es darüber dem Alten und hielt dabei die Augen gesenkt, denn es wagte nicht, aus Angst vor seinem Urteil, ihn anzublicken. Der aber sagte: „Das waren deine besten Augenblicke. Was es auch sein mag, ob es die Wolken am Himmel sind oder die Wellen im See, die bunten Steine am Fluss oder der Schmetterling, der über die Blumenwiese gaukelt, immer, wenn du dich ihnen zuwendest wie deiner Glaskugel und dich selbst darüber ganz vergisst, wirst du völlig eins mit dir. Dann bist du ganz bei dir. Dann bist du auf dem rechten Weg."* * Dazu bietet sich in Urlaub und Erholung eine gute Gelegenheit: Eins werden mit sich selbst. Ein hohes Ziel. Es ist die Erfahrung des Lebens über das Vordergründige hinaus. Aus eigener Kraft ist das kaum zu schaffen. Unsere Gottesdienste und Messen wollen dazu Wege weisen. Ich lade Sie deshalb ein zu den Messen in der katholischen Kirche und zum Gottesdienst im Kurpark am kommenden Sonntag.

* Hoffsümmer, S. 128f

Danken gehört zum Leben!

Liebe Gäste hier in Bad Sassendorf!
Im Namen der Kath. und Ev. Kirchengemeinden unseres Kurortes grüße ich Sie im heutigen Kurkonzert in der Woche vor Erntedankfest.
In unserer ländlich geprägten Region wird dies Fest trotz aller technischen Errungenschaften immer noch gern in der traditionellen Form gefeiert. Denken und Danken gehören zum Leben. Wo wir aufhören zu danken, verarmt unser Leben, verliert sich alles in Selbstverständlich-keiten.
Im Wochenspruch dieser Woche heißt es: *„Lobe den Herrn, meine Seele, und vergiss nicht, was er dir Gutes getan hat."* (Psalm 103,2).
Der Psalmbeter ruft sich selbst und uns zum Loben und Danken auf. Manchmal braucht man solche Anstöße und Aufforderungen, auch und besonders dann, wenn wir Schweres zu tragen haben, vielleicht sogar gerade dann.
Wo das Loben und Danken früh eingeübt wird, bekommen wir Kraft, auch Schweres zu tragen. Die Psalmen der Bibel geben viele Beispiele solcher Dankbarkeit und neuen Lebensmutes in aussichtsloser Situation. Oft ist dann sogar die Klage, ja Anklage gegen Gott zu hören. Aber am Ende doch immer wieder: das Vertrauen auf Hilfe. *„Und ob ich schon wanderte im finstern Tal, fürchte ich kein Unglück; denn du bist bei mir, dein Stecken und Stab trösten mich."* (Ps 23,4).
Wer so vertraut, kann auf viele Stationen seines Lebens blicken, die gute Erfahrungen zum Inhalt hatten, und daraus Zuversicht für die Zukunft schöpfen: *„Gutes und Barmherzigkeit werden mir folgen mein Leben lang."* (Ps 23, 6a).
In einer Welt der Sorge und Angst ist das wichtig: so eine positive Grundhaltung. Es geht nicht darum, alles zu bagatellisieren und zu überspielen, sondern Kraft zu gewinnen, Schweres zu ertragen und zu überwinden.
Darum ist es so wichtig, Erntedankfest zu feiern auch in einem Ort wie Bad Sassendorf, wo die Landwirtschaft nur noch am Rande existieren kann.

Es kommt darauf an, für alles zu danken, was uns im Leben geschenkt wird: *Leib und Seele, Augen, Ohren und alle Glieder, Vernunft und alle Sinne, ... Kleider und Schuh, Essen und Trinken, Haus und Hof, Weib und Kind, Acker, Vieh und alle Güter.*

Die Reihe der Gaben, die Martin Luther aufzählt, ist beliebig zu verlängern und für jeden selbst zu formulieren je nach Bedarf und Lebenslage.

Im aktuellen Gemeindebrief unserer Kirchengemeinde haben wir das *DANKE* mit Worten von Johannes Jourdan beschrieben:

Dank für die Sonne,
Dank für das Wasser,
Dank für den Fisch,
Dank für die Speise auf meinem Tisch,
Dank für das Lächeln,
Dank für den Gruß,
Dank für die Liebe und jeden Kuss.
Dank für die Freunde, die mit mir geh'n,
und Dank für alle, die mich versteh'n.
Dank in der Freude,
Dank in der Not,
Dank sei für alles Dir, o mein Gott.

Ich lade Sie herzlich ein, am Sonntag in den Gottesdiensten und Messen unserer Kirchengemeinden mit uns Erntedankfest zu feiern.

Die Zeit vergeht!

Zum letzten Mal in diesem Jahr begrüße ich Sie heute zum Geistlichen Wort im Kurkonzert und lade Sie ein zur Teilnahme an den Veranstaltungen unserer Kirchengemeinden im Kurort. Die Wintermonate kündigen sich an mit den stillen Festen im November: Allerheiligen, Allerseelen, Totengedenken. Unsere Gedanken werden auf das Ende gerichtet. Die Zeit der Nebel und der beginnenden Kälte begleitet diese Gedanken. Wehmut und Abschied stehen im Vordergrund.

Was ist zu tun? Wegschieben und Verdrängen? - Auch die Zeit der Besinnung, der Gedanken auf das Ende hin, ist wichtig und wertvoll. Nur so können wir die Zeit und die Vergänglichkeit aushalten und überwinden. Der Beter des 90. Psalms sagt: *„Herr, du bist unsre Zuflucht für und für. Ehe denn die Berge wurden und die Erde und die Welt geschaffen wurden, bist du, Gott, von Ewigkeit zu Ewigkeit.“*

Das ist wie ein Haus, das Geborgenheit bietet, wo Kälte und Einsamkeit uns umgeben und die Vergänglichkeit uns auf den Leib rückt. Dann brauchen wir Worte und Zusagen, die uns halten und bergen. Wir können sie finden in so alten Worten, die Leben geben, wo wir am Ende sind. Am Ende der Zeiten sind wir darauf angewiesen; denn wir spüren angesichts unserer Endlichkeit, dass wir Dinge nötig haben, die unser Leben überdauern und Grundlage und Ziel bieten. Ich lade Sie ein, dies in einem Gebet aus heutiger Zeit zu bedenken.

Es sind Worte vom christlichen Liedermacher Manfred Siebald:

Ich hatte mir mein Leben ganz genau durchdacht
Und hatte mir für alles Pläne schon gemacht.
Auf einmal war das aus, und ich war wie ein Kind,
dem Burg und Kartenhaus beim Spiel zerfallen sind.
Als ich ganz unten war, da zogst du mich hoch.
Als mich kein Mensch mehr hörte, hörtest du mich noch.
Als ich am Ende war, da sagtest du mir,
dass das, was mir das Ende schien, der Anfang sei bei dir. * Siebald, S. 12

Zu den Gottesdiensten und Messen am Sonntag lade ich sie herzlich ein.

Ökumenische Kurandachten in der Ev. Pfarrkirche Bad Sassendorf 1979

Gedanken zum Monatsspruch „Der Herr ist der Geist; wo aber der Geist des Herrn ist, da ist Freiheit.“ (2Kor 3,17)

Glaube, Hoffnung, Liebe u.a. sind christliche Tugenden. Freiheit gehört nicht zum engeren Kreis. Die große Freiheit scheint Sache der Welt zu sein. Christentum und Religion überhaupt zielt mehr auf Gesetze und Gebote, mehr auf eingeengtes Leben. Für Christen scheint nicht alles erlaubt. Da gibt es Grenzen!

Paulus sagt: „Wo der Geist des Herrn ist, da ist Freiheit.“ Also nicht in den großen Freiheiten der Hafenstadt Korinth, in Freiräumen, von Menschen gemacht, sondern: im Geist des Herrn. Aber: Wo ist der Geist des Herrn?

Er ist nicht in Gläser oder Dosen abzufüllen. Es bleibt ein Stück Risiko, ein Stück Ungreifbarkeit. Der Wind weht, wo er will. Geist ist wie Wind, Hauch, Wehen. Er ist nicht durch Kirchengesetze und Gebote einzufangen.

Paulus sagt an anderer Stelle zu den Korinthern: *„Mir ist alles erlaubt, es frommt aber nicht alles. Mir ist alles erlaubt, es soll mich aber nichts gefangen nehmen.“* (1Kor 6,12). Wer in Christus seine Freiheit von allem erfahren hat, ist gerufen, nun seine Freiheit zum Leben zu bewähren und zu gestalten.

Das Wort dieses Monats ist schwierig, weil nicht zu beurteilen ist, wer den Geist hat und wer nicht. Es ist die alte Frage: wer hat Recht, der Ketzer oder die offizielle Kirche, die Sekte oder die Mehrheit? Wer hat den Geist des Herrn? - Keiner von beiden; denn man „hat“ ihn nicht, sondern er ist da oder nicht.

Wo er ist, ist Freiheit! Nicht die Frage nach Recht und Anspruch steht an erster Stelle, sondern was dem anderen nützt.

Der Geist des Herrn befreit von uns selbst für andere. Wir sind nicht in uns selbst gefangen, sondern erleben den offenen Horizont, in dem Freiheit wahr wird, andere gelten zu lassen und Freiheit zu leben.

Freiheit ist nicht Willkür und Zügellosigkeit, sondern hat ein Ziel und einen Zweck. Es ist die Freiheit zur Bewältigung der Aufgaben, die die Welt uns stellt.

Gedanken zum Wochenspruch Jes 43,1

Fürchte dich nicht, denn ich habe dich erlöst, ich habe dich bei deinem Namen gerufen; du bist mein! (Jes 43,1)

Das Bibelwort aus dem Trostbuch des Jesaja hat einen biblisch-historischen Hintergrund, der jetzt und hier nicht erläutert werden kann. Als Spruch fürs Leben, etwa als Taufspruch wird die Zusage gerne ausgewählt. „Fürchte dich nicht!"

Haben wir Grund, uns zu fürchten? Sehr schnell fallen uns da viele Dinge ein, persönlich und allgemein: Krankheit, Verluste, Unglücke, Wirtschaftslage, düstere Zukunftsperspektiven, Bedrohung der Erde durch Naturkatastrophen und Umweltzerstörung. Schnell ist einiges aufgezählt.

Reicht es zu hören: Fürchte dich nicht? Wie trifft es mich, betrifft es mich, trifft für mich zu? Es heißt, wir sind bei unserem Namen gerufen. Das heißt: Unser Ureigenstes ist angesprochen, unverwechselbar: Ich und Du, nicht eine Nummer, sondern das Persönlichste, was wir haben. Es ist schlimm, wenn wir unseren Namen verlieren oder vergessen, fast das letzte, was wir verlieren.

Unser Verhältnis zum Namen ist oft gestört. Wir erfassen nicht die Tiefe dessen, was gemeint ist. In alter Zeit war der Name etwas handfestes, wie es etwa im Rumpelstilzchen-Märchen beschrieben wird: Ohne Namen – keine Macht, Name bekannt – Macht über die Person.

Vom Geheimnis des Namens spüren wir etwas, wenn unser Vorname gerufen wird. Wir drehen uns unwillkürlich um, auch wenn wir nicht gemeint sind. Bei unserem Spitznamen wollen wir gar nicht reagieren und tun es dann doch. Andererseits ist der Name ein Stück zu Hause. Dort, wo man unseren Namen kennt, fühlen wir uns geborgen, sicher, ohne Angst. Darum sind wir auch bei Gott nicht ohne Namen, nicht irgendwer, niemand. Gott kennt unseren Namen, kennt uns und ruft uns.

Wirklich? Das Volk Israel, das Jesaja vor Augen hat, sah wenig von Gottes Fürsorge, war in Angst und Schrecken. Gerade diesen Kindern der Angst ruft der Prophet zu: „Fürchte dich nicht!" Trotz allem! Gegen den Augenschein!

So auch für uns: gegen den Augenschein, aber mit Jesus Christus als Unterpfand. In der Taufe sind wir Sein geworden. Jeden Tag neu uns dessen bewusst zu sein, ist das beste Mittel gegen Angst und Furcht in dieser Welt.

Wir wollen in der Stille darüber nachdenken........

Kurzansprache zum Wochenspruch Röm 12,12

Seid fröhlich in Hoffnung, geduldig in Trübsal, haltet an am Gebet.

Das ist ein guter Dreiklang: Fröhlichkeit, Geduld, Beharrlichkeit! Keins ist ohne das andere denkbar. Wo Hoffnung ist, kann auch Fröhlichkeit wachsen, eine optimistische Zukunftsperspektive. Wichtig ist: in der Hoffnung – nicht irgendeine, sondern die bestimmte, besondere, wie die beim Kirchentag in Nürnberg: Hoffnung, die ihren Ausdruck findet in fröhlichen Liedern, um Gott zu loben – trotz allem.

Hoffnung christlicher Prägung bedeutet: Wir wenden uns nicht ab von der Tagesordnung der Welt, sondern leben das Dennoch im Glauben. Diese Hoffnung herrscht nicht nur im Wohlergehen, sondern auch gerade dort, wo Bedrängnis ist. Hoffnung aus uns selbst heraus ist immer bedroht. Sie braucht die Verbindung zu Gott, die Beharrlichkeit im Gebet. Das ist nicht nur ein frommer Schlusspunkt, sondern letztlich das, was Bestand gibt: Schönes und Schweres vor Gott bedenken in Bitte und Dank.

Für die Beharrlichkeit im Gebet steht in der Bibel die Geschichte vom bittenden Freund: Auf die Nerven Gehen! Paulus sagt: Betet ohne Unterlass! Dann wird das Gebet zur Lebenshaltung. Nichts geschieht ohne Gott und Gedanken an Gott. Das bedeutet: Schluss mit der Gedankenlosigkeit und Gleichgültigkeit.

So wirkt der dritte Teil auf die beiden ersten zurück und umschließt sie: Hoffnung, Geduld und Gebet.

Paulus sagt: *„Ihr habt nicht den Geist empfangen, der euch zu Knechten macht, sondern den Geist, der euch zu Söhnen macht, in dem wir rufen: Vater!“* (Röm 8,15). Vielleicht ist das Wort Vater der Schlüsselbegriff des Christentums überhaupt: Gott = Vater, nicht König, Herrscher, Allmächtiger.
Darin kommt Nahesein, Fürsorge und Geborgensein zum Ausdruck. Die Botschaft Jesu ist: „Gott ist wie ein Vater!“. In seinem Leben und Reden hat er es deutlich gemacht: Gott ist euer Vater.
Fröhlichkeit und Geduld erfahren wir, wenn unser Leben getragen ist vom Gebet, vom allumfassenden Gebet, wie es im Vaterunser exemplarisch von Jesus gelehrt, vorgegeben und vorgelebt wurde.

Kurzauslegung von Mt 5,9

„Warum es keinen Krieg geben kann
Zwischen zwei Völkern drohte ein Krieg auszubrechen. Auf beiden Seiten der Grenze lagerten sich die Heere. Auf beiden Seiten schickten die Feldherrn Kundschafter aus. Sie sollten herausfinden, wo man am leichtesten in das Nachbarland einfallen könnte. Beide Kundschafter kehrten zurück und berichteten ihren Feldherrn: Es gibt nur eine einzige Stelle an der Grenze, wo wir in das andere Land einfallen können. Überall sonst sind hohe Gebirge und tiefe Flüsse. An dieser Stelle aber, so erzählen sie, hat ein Bauer sein Feld. Er wohnt dort in einem kleinen Haus mit seiner Frau und mit seinem Kind. Sie haben sich lieb. Sie sind glücklich. Ja, es heißt, sie sind die glücklichsten Menschen der Welt. Wenn wir über das kleine Feld in Feindesland einmarschieren, zerstören wir das Glück. Also – so sagten die Kundschafter – kann es keinen Krieg geben.
Das sahen die Feldherrn dann auch wohl oder übel ein, und der Krieg fand nicht statt – wie jeder Mensch begreifen wird.“ *

* Hoffsümmer, S. 90f.

Leider nur ein Märchen?

Es entspricht nicht der Realität, aber unseren Wunsch- und Zielvorstellungen: Der Friede in unserer kleinen Welt soll ausstrahlen in die große Welt. Man kann einwenden: das ist zu schön, um wahr zu sein, das kann nicht passieren!

Aber: Friede beginnt mit dem Glauben an das Gute! Wir selbst müssen an den Frieden glauben. Wo wir Skeptiker des Friedens sind, werden auch solche kleinen Wunder nicht gelingen. Wo wir wie das Kaninchen vor der Schlange nur immer den großen Unfrieden in der Welt sehen, werden wir wie gelähmt sein und keinen Schritt weiterkommen. Vor allem wird dann keine Fantasie für Wege des Friedens entstehen - vielleicht das wichtigste neben der Tatkraft. Große Leute des Friedens wie M.L. King, Dag Hammerskjöld, Papst Johannes XXIII oder Mahatma Ghandi hatten Mut zum anderen Handeln außerhalb der normalen Bahnen. Wir können uns nicht mit ihnen messen, aber wohl hier und da von ihnen lernen. „Wie" – das wird immer situationsabhängig sein. Wichtig ist, im Auftrag von Jesus Christus die Verheißung für Leute des Friedens wahrzunehmen und fertig zum Frieden als Gottes Kinder zu handeln. Das ist weniger Titel oder Name als vielmehr die Kraft, aus Gott zu leben. Das ist kein gutes und geruhsames Leben, vielleicht gerade ein Leben in Not und Bedürftigkeit, aber ein Leben, das sich lohnt, das einen Sinn hat. Wo wir müde werden, bekommen wir vom Vater neue Kraft zum Leben, zum Frieden.

Friedfertige sind keine Leisetreter und Jedermann willfährig, sondern Unruhestifter und Kämpfer für eine bessere Welt. Die Bibel hat oft militaristische Bilder für das Christsein: u.a. Panzer des Glaubens, Helm der Hoffnung. Es sind keine Begriffe für Kampf und Krieg, sondern verleihen der Sache Gottes, der Sache des Friedens Nachdruck. Kriegswerkzeuge sind Bilder für den geistlichen Kampf. Wo wir die Wege des Friedens mit der Hingabe suchen wie sonst in den Machtkämpfen des Krieges gehandelt wird, dann ist der Erfolg die Gotteskindschaft, Frieden, Schalom, Heil und Segen, wie es in den Visionen der Bibel anschaulich dargestellt wird.

Dann gilt auch für uns: *„Selig sind die Friedfertigen; denn sie werden Gottes Kinder heißen."* (Mt 5,9)

Statt eines Nachworts

Predigt am 30.3.2007 in der Ev. Pfarrkirche Bad Sassendorf

Verabschiedung – wir nehmen Abschied im Blick zurück – ohne Zorn?

Einführung – wir fangen neu an mit Blick nach vorn – mit Gottvertrau´n?

„Schau nicht zurück!“ – Eine Lebensweisheit über Raum und Zeit hinweg. In den Vätergeschichten, der Geburtsgeschichte Israels, exemplarisch in der Frau Lots: der sehnsüchtige Blick zurück lässt erstarren, nimmt gefangen, verwandelt zur Salzsäule, leblos, bewegungslos.

„Don´t look back!“ ist der Titel des Albums der Musikgruppe “Fury in the slaughterhouse” in heutiger Zeit. Stattdessen: “Mutig voran!” Gegen Resignation und Verzagtheit. Lasst das Jammern sein!

Das Ende der Schwarzmalerei titelte der Autor in der Osterausgabe von UK: „Ostern – Zukunftsangst. Verlustangst. Schwarzmalerei an allen Ecken und Enden. Wir leben auf hohem Niveau, trotzdem herrscht die Miesepetrigkeit vor.“ - Welches Kraut ist dagegen gewachsen? Die Botschaft der Auferstehung lautet: Wir können die Furcht loslassen.

Was bedeutet das – über den Tag hinaus?

Nach wie vor arbeiten wir an der Kirche mit Zukunft. Auslöser waren die knappen Finanzen und die Aussicht auf weitere Einbußen. Der Prozess kam in Gang. Wir machten mit: Auf der Suche nach neuen Wegen.

Im Blick auf die letzten vier Jahre, unsere letzte gemeinsame Amtszeit im Presbyterium, hatten wir eine gute 1. Halbzeit mit vielen Ideen und neuen Perspektiven auf dem Weg in die Zukunft. Die 2. Halbzeit verlief anders. Die Ausführungen der Ansätze gerieten in die Kritik, auch in die Selbstkritik, ja den Selbstvorwurf: „Wir haben die Menschen nicht mitgenommen.“

Aber war da nicht auch das Beharren im Traditionellen: Es soll alles so bleiben, wie es ist? Die Angst vor neuen Wegen: Lieber das weitermachen, was wir kennen!

„Hebet eure Augen in die Höhe und seht!" - heißt es im Wort zum heutigen Tage aus dem Trostbuch des Jesaja. Es ist gerichtet an die Menschen im Exil an den Wassern von Babylon.

Ihnen eröffnet der Prophet eine neue Perspektive, eine neue Sicht der Dinge. Diesen Menschen im Elend mit Grund zum Jammern und Weinen, vielmehr als wir. Vielleicht vergleichbar mit der Situation unserer Väter und Großväter nach dem Krieg.

Ihnen sagt der Prophet: Euer Gott ist so groß, so universal, soviel größer als die Götter Eurer Unterdrücker! Er hat Macht über alle Menschen und Gewalten. Er hat Euch nicht im Stich gelassen. Die irdischen Machthaber sind seine Werkzeuge und Spielbälle. HABT MUT!

Aus dem Trostbuch des Jesaja (Jes 40,26-31): *Hebet eure Augen in die Höhe und seht! Wer hat dies geschaffen? Er führt ihr Heer vollzählig heraus und ruft sie alle mit Namen; seine Macht und starke Kraft ist so groß, dass nicht eins von ihnen fehlt. Warum sprichst du denn, Jakob, und du, Israel sagst: Mein Weg ist dem Herrn verborgen, und mein Recht geht vor meinem Gott vorüber? Weißt du nicht? Hast du nicht gehört? Der Herr, der ewige Gott, der die Enden der Erde geschaffen hat, wird nicht müde noch matt, sein Verstand ist unausforschlich. Er gibt dem Müden Kraft und Stärke genug dem Unvermögenden. Männer werden müde und matt, und Jünglinge straucheln und fallen; aber die auf den Herrn harren, kriegen neue Kraft, dass sie auffahren mit Flügeln wie Adler, dass sie laufen und nicht matt werden, dass sie wandeln und nicht müde werden.*

Und wo ist unser Babylon? Der Ort der Verzagtheit, der Müdigkeit, der Hoffnungslosigkeit, der Erfahrung: „Gott ist tot"? Stehen wir immer noch weinend am Grab wie Maria von Magdala? Sind wir bei Karfreitag stehen geblieben? Kein Glaube, keine Hoffnung, keine Liebe mehr? - „Gut so! Ja, gut so!" sage ich. Wo wir am Ende sind, kann Gott anfangen! Dort kann er seine globale, universale Macht demonstrieren. Aufstehen, Auferstehung, Durchstarten mit voller Kraft – Gott lebt!

Das ist die Botschaft des Propheten in Babylon. Die Botschaft der Osterzeit: Aufbruch in Gottes Namen. ER ruft heraus aus dem Grab der Klage! ER ist die Stimme Gottes, die Quelle neuer Kraft. Hier wird deutlich, warum auch Abschnitte aus der Bibel Israels sehr wohl mit Ostern und Auferstehung zu tun haben. Sie befreien aus der Todverfallenheit dieser Welt.
Am Sonntag Quasimodogeniti vor genau 50 Jahren hat Pfr. Krunke - anderthalb Jahre vor seinem Dienstantritt in dieser Gemeinde – vertretungsweise hier gepredigt. Pfr. Johannsen hatte am Sonntag vor Ostern zur Konfirmation über das Jahresthema gepredigt: *„Zur Freiheit hat uns Christus befreit."* - Wir haben es bei der Goldenen Konfirmation vor 14 Tagen bedacht.
Was vor 50 Jahren in Zeiten des Aufbruchs galt, gilt auch heute – in anderer Weise: Es geht um neue Kraft, nicht um Vertröstung. *„Auf den Herrn harren"* ist tätiges Warten auf die Hilfe Gottes. Die überkommenen Strukturen der Volkskirche und der Gemeinden stecken in der Krise – als wären wir im Exil. Was vor 50 Jahren üblich und normal war, ist es heute schon lange nicht mehr. Sich an gegenwärtige kirchliche Strukturen zu klammern, könnte bedeuten, den Anschluss an Gott zu verpassen, ins Exil, ins Abseits zu geraten. Das Richtige wahrzunehmen, ist eine wichtige und schwere Aufgabe für die Zukunft. Befreit zum Leben können wir unsere Wege als Gottes Wege gehen. Wege des Abschieds am Ende eines gemeinsamen Tuns, Wege des Neuen Lebens am Anfang gemeinsamen Tuns. Es waren vor uns Menschen auf diesem Weg. Es werden nach uns Menschen auf diesem Weg sein.
Am heutigen Sonntag wurde mein erstes Taufkind in meiner Lohner Zeit, Ulrich Behrendts, im schwäbischen Herrenberg als Pfarrer eingeführt, feierte seine Investitur, wie es dort heißt. Es sind nur äußere Zeichen dieses Kommens und Gehens, dieser Behütung und Bewahrung durch die Zeiten. Die Formen wandeln sich mit den jeweiligen Menschen in Zeit und Raum. Die Inhalte aber bleiben. Es sind Licht-Geschenke aus der Ewigkeit: ER gibt den Müden Kraft und Stärke, Glaube und Hoffnung, Liebe und Leben ohne Grenzen!
Amen.

Literatur- und Quellenhinweise

Die Bibel oder die ganze Heilige Schrift nach der deutschen Übersetzung Martin Luthers, Württembergische Bibelanstalt Stuttgart, 1966

www.notfallseelsorge.de/arbeitshilfe_todesfaelle.pdf Hilfen für den Umgang mit Todesfällen in der Schule – Eine Arbeitshilfe – (Willms)

Evangelisches Gesangbuch, Ausgabe für die Evangelisch-Lutherischen Kirchen in Bayern und Thüringen, Evangelisch-Lutherische Kirche in Bayern, München o. J. (EG)

Mein Liederbuch für heute und morgen, Notenausgabe
Hg. Ev. Kirche im Rheinland (Arbeitskreis d. Jugendkammer und Päd.-Theol. Institut) in Zusammenarbeit mit dem tvd-Verlag, 8. Aufl., Düsseldorf 1992 (ML)

Max Frisch, Tagebuch 1946-1949, Suhrkamp Verlag TB 1148, Frankfurt 1985 (Frisch)

Johannes Hansen, Nach dem Dunkel kommt ein neuer Morgen, Psalm-Meditationen
Kawohl-Verlag, Wesel 1978 (Hansen)

Volkstrauertag
Anregungen und Gedanken zur Gestaltung von Gedenkstunden und Gottesdiensten
Hg. Volksbund Deutsche Kriegsgräberfürsorge e.V., Kassel (Volkstrauertag MCXI)

Willi Hoffsümmer, Kurzgeschichten 1
6. Aufl., Mainz 1984 (Hoffsümmer)

Bittgottesdienst für den Frieden in der Welt
Hg. Kirchenamt der EKD, Hannover (Bittgottesdienst MCXI)

Motivationen – Friedenstexte für jeden Tag
HG. Wolfgang Erk / Jo Krummacher, Radius Verlag Stuttgart 1982 (Friedenstexte)

Theodor Echtermeyer (neugestaltet von Benno von Wiese), Deutsche Gedichte
Ausgabe 1962, August Bagel Verlag Düsseldorf (Echtermeyer)

Antoine de Saint-Exupéry, Der Kleine Prinz
58. Aufl., Karl Rauch Verlag, Düsseldorf 2002 (Der Kleine Prinz)

Manfred Siebald, Ist schon alles gesagt?..
Brunnen-Verlag, Gießen 1976 (Siebald)

Printed by Books on Demand GmbH, Norderstedt / Germany